HAYMON taschenbuch 90

HAYMON tb **90**

Gekürzte Taschenbuchausgabe
Haymon Taschenbuch, Innsbruck-Wien 2011
www.haymonverlag.at

Gekürzte Ausgabe der im Residenz Verlag erschienenen Ausgabe.
Originaltitel: Die süße Küche. Das österreichische Mehlspeiskochbuch

ISBN 978-3-85218-890-4

Buchgestaltung und Satz:
hœretzeder grafische gestaltung, Scheffau/Tirol
Umschlaggestaltung: Atelier Christian Mariacher
Coverfoto und Rezeptfotos: Ulrike Köb
Autorenfoto: Ali Schafler

Gedruckt auf umweltfreundlichem,
chlor- und säurefrei gebleichtem Papier.

Toni Mörwald
Christoph Wagner

Die süße Küche Österreichs

Mit Fotos von Ulrike Köb

Toni Mörwald / Christoph Wagner

Die süße Küche Österreichs

Inhalt

Vorwort

Österreich war schon immer ein Land, in dem der Himmel voller süßer Versuchungen hing. Eine österreichische Küche ohne süße Küche wäre völlig undenkbar. Manchmal hat man sogar den Eindruck, die Fleischspeisen seien hierzulande nur deshalb erfunden worden, um die Vorfreude auf die Nachspeis' zu verlängern.

Tatsächlich ist gerade die süße Küche für jede Köchin und jeden Koch, ob „Hobby" oder „Profi", die größte Herausforderung. Denn jeder, der einmal Gäste bewirtet hat, weiß: Das Dessert entscheidet, ob ein Essen gelungen ist oder nicht.

Dass dieser „süße Höhepunkt" auch verlässlich gelingt, ist das Anliegen dieses Werkes, das sich als Grundkochbuch einer zeitgemäßen Mehlspeis-und Dessertküche versteht. Zeitgemäß bedeutet dabei vor allem, dass wir versucht haben, auf moderne Ernährungsgewohnheiten einzugehen und, wo immer es möglich ist, viele Früchte, lockere Teige sowie leichte und luftige Cremen einzusetzen. In einem speziellen Kapitel bieten wir Ihnen auch einen kleinen Grundkurs für „vollwertiges Backen" nach den neuesten Erkenntnissen der Ernährungsphysiologie an.

Das alles ändert freilich nichts an der Tatsache, dass die Vokabeln „süß" und „sündig" gerade in der Mehlspeisküche immer noch in engem Zusammenhang stehen. Denn eine süße Küche ohne Zucker, Schokolade, Blätterteig, Strudel, Schmarren, Schlagobers, Krokant, Marzipan und all die anderen köstlichen Verführungen würde schlicht und einfach ihr Ziel verfehlen.

Dennoch gilt gerade für die süße Küche das alte Sprichwort, dass der wahre Genuss auch in der Beschränkung liegt. Wir haben aus diesem Grund bei den Portionsangaben auch besonderen Wert darauf gelegt, kalorienreichere Süßspeisen so zu dimensionieren, dass sie kein unnötiges Völle- und Schweregefühl hinterlassen. Nicht zuletzt dadurch unterscheidet sich „Die süße Küche" auch von älteren Mehlspeiskochbüchern, die mehr auf die Bedürfnisse einer hart arbeitenden Landbevölkerung als auf jene eines modernen urbanen Hedonismus abgestimmt waren. Und wer dennoch einmal wirklich „sündigen" will, den hindert ja keiner daran, einfach die doppelte Menge zu nehmen.

Manche der folgenden rund 500 Desserts setzen sich auch aus verschiedenen Komponenten wie Kuchen, Cremen, Fruchtsaucen und Ähnlichem zusammen. Selbstverständlich kann man all diese Komponenten auch einzeln zubereiten oder anders kombinieren. Denn auch das unterscheidet die moderne von der traditionellen österreichischen Mehlspeisküche: Der Fantasie und Kreativität sind keine Grenzen gesetzt.

Wir wollen Ihnen auf den folgenden Seiten allerdings nicht nur verlässliche Rezepturen bieten, sondern auch allerlei Wissenswertes über historische und warenkundliche Hintergründe der „süßen Küche" erzählen. Und sollten Sie gerade einmal auf Diät sein, so können Sie dieses Mehlspeiskochbuch auch – und sei es nur aus Vorfreude auf spätere süße Genüsse – ganz einfach als kulinarisches Lesebuch benützen.

„Die süße Küche", wie wir sie verstehen, vergisst auf gute alte Traditionen nicht, soll aber auch ein Mehlspeis-Grundkochbuch sein, das auf die Bedürfnisse einer neuen Generation zugeschnitten ist, die sich nicht mehr wie viele unserer Vorfahren als „Zuckergoscherl" und „Mehlspeistiger" versteht, sondern sich, möglichst ohne Reue, ganz einfach „süße Träume" verwirklichen will. Dieses Buch ist ein Leitfaden dafür, und wir widmen es Ihnen ganz persönlich!

Mit süßen Grüßen,

Toni Mörwald *Christoph Wagner*

Das Einmaleins der süßen Küche

Sesamhippen ▷ S. 35

Palatschinkenteig

Zutaten für 8 Palatschinken

250 ml Milch
140 g Mehl
2 Eier
1 TL Kristallzucker
Prise Salz
Öl zum Backen

Zubereitung

Milch mit Eiern, Kristallzucker und Salz verrühren und zuletzt das Mehl einrühren. In einer Pfanne etwas Öl erhitzen, den Teig dünn eingießen, Pfanne schwenken, damit sich der Teig gleichmäßig verteilen kann, und Palatschinken unter einmaligem Wenden goldgelb backen.

Tipp: Auf die klassische Wiener Art werden Palatschinken mit Marillenmarmelade gefüllt. Sie schmecken aber auch mit einer Fülle aus beliebigen anderen Marmeladen, geriebenen Nüssen, Topfencreme, Eis sowie mit Schokoladesauce garniert ganz vorzüglich.

Auf die Fülle kommt es an

Während beim Omelett das Wichtigste die Konsistenz und Fülligkeit des Teiges ist, kommt es bei den aus Rumänien und Ungarn stammenden Palatschinken eher auf ihre Zartheit an. Palatschinken sollten so fein und dünn sein, dass die Fülle voll zur Geltung kommen kann und nicht durch einen zu opulenten oder gar pampigen Teig „erschlagen" wird.

Topfenteig für gefüllte Knödel

Zutaten für 15–20 Knödel
25 g Butter
2 EL Staubzucker
2 Eier
350 g Topfen
Zitronenschale, gerieben
Spritzer Rum
Prise Salz
100 g Weißbrotbrösel (ersatzweise auch Semmelbrösel)

Zubereitung
Butter mit Staubzucker schaumig schlagen. Den Topfen einrühren, dann die Eier unterrühren und mit Zitronenschale, Rum und Salz abschmecken. Brösel einmengen und die Masse 2 Stunden ziehen lassen. Je nach Verwendung weiterverarbeiten.

Tipp Dieser Teig eignet sich hervorragend für Frucht-, Mohn-, Nuss- oder Schokoladeknödel.

Käse aus dem Topf

Topfen ist ein sensibles Rohprodukt und will, speziell in der Dessertküche, entsprechend gepflegt sein. Dabei gilt es vor allem folgende Grundregeln zu beachten:

- Achten Sie darauf, dass Topfen immer weiß bis rahmgelb ist, mildsäuerlich schmeckt, keine Molke absondert und keinerlei Reifungserscheinungen wie Schimmel, Verfärbungen o. Ä. aufweist. Bittertöne im Geschmack sind ein Zeichen für Überalterung.
- Topfen sollte stets gekühlt und lichtgeschützt aufbewahrt werden. Bei Zimmertemperatur reift er schneller, wird sauer und verändert seinen Geschmack.
- Vorsicht: Topfen ist extrem anfällig für fremde Gerüche. Er sollte also immer gut verschlossen und niemals in der Nähe von stark aromatischen Zutaten und Speisen gelagert werden.
- Je mehr Sauerrahm Topfen enthält, desto weicher, geschmeidiger und streichfähiger, allerdings auch kalorienreicher ist er. Im Handel ist Topfen als Magertopfen (mit ca. 1 % F. i. T.) sowie Speisetopfen (mit 10, 20, 30, 40, 50 % F. i. T.) erhältlich. Der Fettgehalt in der Trockenmasse (F. i. T.) ist allerdings nicht mit dem absoluten Fettgehalt identisch, sondern liegt wesentlich niedriger.

Briocheteig

Zutaten
6 EL Milch
45 g Germ
1 kg Mehl
8 EL Zucker
Prise Salz
600 g Butter, zimmertemperiert
12 Eier

Backzeit
20 Minuten
Backtemperatur
220 °C

Zubereitung
Milch erwärmen, Germ darin auflösen, mit etwas Mehl zu einem Dampfl (Vorteig) verrühren und an einem warmen Ort gehen lassen, bis sich sein Volumen verdoppelt hat. Die restlichen Zutaten mit dem aufgegangenen Dampfl verrühren und den Teig so lange schlagen, bis sich Blasen bilden. Schüssel mit einem Tuch bedecken (Tuch darf den Teig nicht berühren) neuerlich an einem warmen Ort gehen lassen. Diesen Vorgang noch zweimal wiederholen. Anschließend den Teig 1 Stunde lang kalt stellen und dann je nach Verwendung in entsprechende Formen füllen oder zu Striezeln, Knöpfen, Zöpfen etc. formen.
Im vorgeheizten Backrohr bei 220 °C etwa 20 Minuten backen.

Brandteig (Brandmasse)

Zutaten
für ca. 30 Profiteroles

250 ml Wasser
1 EL Zucker
65 g Butter
Prise Salz
125 g Mehl
3 Eier

Backzeit
15–20 Minuten
(je nach Größe)
Backtemperatur
ca. 180–220 °C

Zubereitung

In einer Kasserolle Wasser, Butter, Zucker und Salz zum Kochen bringen. Sobald die Mischung zu kochen beginnt, vom Herd nehmen und das gesiebte Mehl einrühren. Mit einem Kochlöffel glatt rühren. Den Topf wieder auf den Herd stellen und so lange rühren, bis sich der Teig vom Topf löst. Abermals vom Herd nehmen und jetzt (am besten mit einem Handmixer) langsam ein Ei nach dem anderen unterrühren. Der Teig muss die Eier schön aufnehmen und darf nicht schmierig sein. Brandteig je nach Verwendung im vorgeheizten Backrohr bei 180–220 °C 15–20 Minuten backen.

Blätterteig (Butterteig)

Zutaten

Für den Vorteig
500 g Mehl
50 g Butter
1 Eidotter
5 g Salz
1 EL Rum oder Essig
180 ml Wasser

Für den Butterziegel
500 g Butter
80 g Mehl
Mehl für die Arbeitsfläche

Mehr über den Blätterteig
▷ S. 21 unten

Zubereitung

Für den Vorteig zunächst Mehl mit Butter, Salz, Rum oder Essig, Wasser und Eidotter zu einem elastischen Teig kneten. Zu einer Kugel schleifen (mit dem Handballen bearbeiten und zu einer Kugel formen), diese kreuzweise einschneiden und ca. 30 Minuten rasten lassen.

Für den Butterziegel Butter mit Mehl glatt verkneten und zu einem Ziegel formen. Vorteig auf einer bemehlten Arbeitsfläche ausrollen, Butterziegel darauf legen und den Vorteig darüber schlagen. Von der Mitte ausgehend mit dem Rollholz vorsichtig nach allen Richtungen hin zum Rand ausrollen und den Teig dabei nicht dünner als 10 mm ausrollen. Dann folgen die vier Touren.

Erste Tour Teig dreiteilig zusammenlegen (ergibt 3 Schichten) und wieder ausrollen. **Zweite Tour** Teig vierteilig zusammenlegen (ergibt 4 Schichten), Teig bedecken und ca. 30 Minuten rasten lassen. **Dritte und vierte Tour** Teig erneut ausrollen und die erste sowie die zweite Tour wiederholen. Damit hat der Teig insgesamt 144 (3 × 4 × 3 × 4) Schichten. Teig im Kühlschrank rasten lassen und am besten erst am nächsten Tag verarbeiten.

Plunderteig

Zutaten

Für den Butterziegel

350 g Butter
50 g Mehl

Für den Vorteig

600 g Mehl
60 g Staubzucker
60 g Butter
60 g Germ
300 ml Milch, kalt
1 Ei
1 Eidotter
6 g Salz
Prise Vanillezucker
Zitronenschale, gerieben

Zubereitung

Für den Butterziegel die Butter am besten mit einem groben Hobel in Späne hobeln oder in grobe Stücke schneiden, Mehl einarbeiten und zu einem Ziegel formen. Kalt stellen (wenn möglich, einige Stunden lang).
Für den Vorteig Germ in der kalten Milch auflösen und mit den übrigen Zutaten zu einem glatten Teig verarbeiten. Zu einer Kugel schleifen (mit dem Handballen bearbeiten und zu einer Kugel formen), kreuzweise einschneiden und mit einer Plastikfolie bedeckt im Kühlschrank 10 Minuten rasten lassen. Den Butterziegel wie beim Blätterteig (s. S. 17) beschrieben mit einer einfachen, einer doppelten und wiederum einer einfachen Tour einschlagen. Je nach Verwendung weiterverarbeiten. Plundergebäck bei 220 °C anbacken und bei ca. 180 °C fertig backen.

Tipp: Achten Sie darauf, dass Plunderteig, der übrigens auch Germbutterteig genannt wird, stets sehr kühl verarbeitet werden sollte.

Germteig

Zutaten

375 g Mehl
375 g Mehl, griffig
3 Eier
12 cl Öl
Prise Salz
375 ml Milch, lauwarm
45 g Germ
75 g Staubzucker
150 g Butter, flüssig

Zubereitung

Glattes und griffiges Mehl miteinander vermischen. In einer zweiten Schüssel Germ zerbröseln und mit lauwarmer Milch verrühren. Die Hälfte des Mehls einrühren, etwas Mehl darüber streuen und das Dampfl (Vorteig) mit einem Tuch bedeckt (Tuch darf den Teig nicht berühren) an einem warmen Ort etwa 30 Minuten gehen lassen. Salz, Eier, Zucker, restliches Mehl, flüssige Butter und Öl mit einem Kochlöffel so lange unter das Dampfl schlagen, bis sich der Teig vom Schüsselrand löst. Zugedeckt nochmals 20 Minuten an einem warmen Ort gehen lassen. Je nach Verwendung weiterverarbeiten, dabei aber stets im geschlossenen Backrohr backen (von 220 °C auf 180 °C fallend).

Damit Ihr Germteig auch richtig aufgeht …

… empfiehlt es sich, folgende Regeln unbedingt einzuhalten:

- Verwenden Sie ausschließlich zimmertemperierte Zutaten.
- Vermeiden Sie während der Bearbeitung des Teiges jede Zugluft.
- Achten Sie darauf, dass es im Arbeitsraum über 20 °C hat.
- Verwenden Sie Butter mit möglichst niedrigem Salzgehalt.
- Verwenden Sie nur frische Germ und achten Sie darauf, dass sie vor der Verwendung nicht austrocknet.
- Verwenden Sie für die Germteigzubereitung nur reines Weizenmehl.
- Lassen Sie Dampfl und Germteig immer an der wärmsten Stelle des Arbeitsraums aufgehen.

Mürbteig (Linzer Teig)

Zutaten für 2 Torten (à Ø 26 cm) oder 1 Kuchenboden (30 × 45 cm)

450 g Mehl
300 g Butter
150 g Staubzucker
1 Eidotter
Zitronenschale
10 g Vanillezucker
Prise Salz

Backzeit
8 Minuten

Backtemperatur
180 °C

Zubereitung

Butter in kleine Stücke schneiden und bei Zimmertemperatur weich werden lassen. Mehl in eine Schüssel sieben, in die Mitte Staubzucker, Salz, Vanillezucker, Zitronenschale und Eidotter geben und mit den Fingerspitzen durchkneten. Butter einarbeiten, rasch (keinesfalls zu lange!) kneten, Teig zu einer Kugel formen und 1 Stunde kühl stellen. Mürbteig dünn ausrollen und auf ein Backblech bzw. in die Tortenform legen, mit einer Gabel „stupfen" (einige Male zart anstechen) und bei 180 °C im Backrohr hellbraun backen. Abkühlen lassen und nach Belieben weiterverarbeiten.

Auslegeteig für Torten

Zutaten für 2 Torten (à Ø 26 cm)

270 g Butter, handwarm
240 g Kristallzucker
2 Eier
500 g Mehl
Zitronenschale, gerieben
Prise Salz
Mehl für die Arbeitsfläche
Butter für die Form
getrocknete Linsen oder Erbsen zum Bestreuen

Backzeit
12–15 Minuten
Backtemperatur
190 °C

Zubereitung

Butter mit Kristallzucker schaumig rühren, Zitronenschale und Salz dazugeben und dann die Eier einrühren. Mehl einarbeiten und den Teig zugedeckt 1 Stunde in den Kühlschrank stellen. Den Teig auf einer bemehlten Arbeitsfläche auf die passende Größe ausrollen und eine runde, mit Butter eingefettete Springform damit auskleiden. Teig mit Backpapier bedecken, mit getrockneten Linsen oder Erbsen bestreuen und im vorgeheizten Backrohr bei 190 °C 12–15 Minuten „blind" backen. Nach dem Backen Backpapier samt Linsen oder Erbsen wieder entfernen und Tortenboden beliebig weiterverarbeiten.

Le Tour de Teig Wer den Blätterteig erfunden hat, ist Gegenstand vieler Legenden. Die Wahrscheinlichkeit, dass es Wiener Bäckergesellen waren, die erstmals auf die Idee kamen, Butter auf Wasserteig auszurollen und diesen dadurch luftiger zu machen, ist allerdings sehr groß. Vermutlich wurde diese Technik auch von Wiener Handwerksburschen nach Norden gebracht, wo in Dänemark die „Danish Pastry" aus Germbutterteig entstand. Nicht zufällig bezeichnen die ansonsten durchwegs patriotischen Franzosen ihr Fein- oder Kaffeegebäck aus solchen Teigen bis heute als „Viennoiserie". Für den Butter- oder Blätterteig selbst hat sich in Frankreich allerdings mittlerweile der Ausdruck „Millefeuille" durchgesetzt, was so viel wie „1 000 Blätter" bedeutet. Das ist freilich eine jener zahlreichen kleinen Übertreibungen, die in der Geschichte der Grande Cuisine recht häufig vorkommen. In Wahrheit verfügt ein richtig hergestellter Blätterteig über 144 Schichten – immer noch genug, um den Teig durch die darin eingeschlossene Luft sowie die entstehenden Wasseranteile beim Ausbacken vielblättrig aufgehen zu lassen. Der dafür nötige Vorgang, den Blätterteig mehrmals auszurollen und wieder zusammenzulegen, wird in der Sprache der Konditoren als Tourieren bezeichnet. Und es bedarf traditionell einer vierfachen Anstrengung, damit der Blätterteig wirklich voll „auf Touren kommt".

Strudelteig

Zutaten für 10 Portionen
300 g Weizenmehl
25 ml Öl
5 g Salz
150 ml Wasser, lauwarm
Öl zum Bestreichen

Backzeit
20 Minuten
Backtemperatur
220 °C

Zubereitung
Das Mehl auf eine Arbeitsplatte sieben, in die Mitte eine Vertiefung drücken und Öl sowie Salz hineingeben. Nach und nach das Wasser zufügen und alles zu einem glatten Teig verkneten, der sich gut von den Händen löst. Teig in eine Schüssel legen und die Oberfläche mit Öl bestreichen, damit sich keine Haut bilden kann. Mit einem feuchten Tuch so abdecken, dass das Tuch den Teig nicht berührt, und bei Zimmertemperatur eine halbe Stunde rasten lassen. Dann je nach Verwendung weiterverarbeiten.

Verwendung für Apfel-, Birnen- oder Marillenstrudel, aber auch als Dekor, wie beispielsweise Strudelblätter.

10 goldene Regeln, wie Strudelteig gelingt

1. Übung macht den Meister. Schon der zweite Strudelteig gelingt besser als der erste. Ab dem zehnten verfügt man bereits über Routine. Und spätestens ab Nummer zwanzig geht das Strudelausziehen wie das sprichwörtliche Brezel backen.
2. Achten Sie darauf, dass das verwendete Wasser gut temperiert ist. Zu heiß ist in jedem Fall besser als zu kalt.
3. Gönnen Sie dem Teig vor dem Ausziehen eine ausreichende Ruhephase. Lassen Sie ihn in einem leicht angewärmten Gefäß rasten, das die Wärme gut speichert. Strudelteig schätzt es nicht, wenn er auskühlt.
4. Decken Sie das Gefäß, in dem der Strudelteig rastet, immer mit einem Tuch oder einem Teller ab.
5. Rollen Sie den Teig mit dem Nudelwalker möglichst gleichmäßig aus und legen Sie ihn dann auf ein angewärmtes(!), mit Mehl ausreichend bestaubtes Tischtuch.

6. Legen Sie vor dem Weiterarbeiten unbedingt alle Ringe ab, da diese den Teig beim Ausziehen leicht zum Zerreißen bringen können.
7. Greifen Sie mit beiden Händen zwischen den Teig und das Tischtuch. Achten Sie dabei darauf, dass die Handrücken nach oben zeigen und gekrümmt sind und halten Sie Ihre Finger möglichst gespreizt.
8. Sobald der Teig direkt auf Ihren beiden Handrücken liegt, brauchen Sie dieselben nur ruhig und ohne alle Hektik in gleichmäßigem Rhythmus hin- und herzu bewegen. Der Teig ist elastisch genug, dass er sich diesen Bewegungen anpasst und gleichmäßig dünner wird, ohne dabei zu zerreißen.
9. Sobald der Teig dünn wie Zeitungspapier (oder, wie man früher auch sagte, durchscheinend wie ein Mohnblatt) ist, müssen alle Wülste und zu dicken Ränder abgeschnitten oder zwischen Daumen und Zeigefinger entsprechend dünn gedrückt werden.
10. Bewegen Sie den Teig nach dem Auftragen der Fülle nur noch mit Hilfe des darunter liegenden Tuchs. Sie brauchen es nur rechts und links straff anzuziehen und dabei langsam anzuheben. Dann rollt sich der Teig fast von selbst zusammen.

Butterstreusel

Zutaten für den Belag einer Torte

80 g Mehl
60 g Butter
60 g Staubzucker
Prise Zimt
Prise Salz
5 g Vanillezucker

Backzeit
ca. 5 Minuten
Backtemperatur
170 °C

Zubereitung

Mehl mit zimmerwarmer Butter, Staubzucker, Zimt, Salz und Vanillezucker vermischen und zwischen den Händen zu Krümeln verreiben. Je nach Verwendung weiterverarbeiten oder ein Backblech mit Backpapier auslegen, Streusel darauf ausbreiten, bei 170 °C backen, bis der Streusel goldbraun ist. Auf die Fruchttorte oder -schnitte streuen.

Tipp: Wenn Sie den Streusel vor dem Backen mit etwas flüssiger Butter bestreichen, wird er noch knuspriger und bekommt eine schönere Farbe.

Kalte Biskuitmasse für Rouladen

Zutaten für 1 Rouladenblatt à ca. 30 × 45 cm

10 Eidotter
200 g Kristallzucker
Prise Vanillezucker
Prise Salz
Zitronenschale, gerieben
8 Eiklar
160 g Mehl
Kristallzucker zum Bestreuen

Backzeit
15–20 Minuten
Backtemperatur
200 °C

Zubereitung
Die Eidotter mit 40 g Kristall- und einer Prise Vanillezucker, Salz und Zitronenschale schaumig rühren. Eiklar leicht schlagen, restlichen Kristallzucker einstreuen und zu Schnee ausschlagen. Die beiden Massen nur leicht miteinander vermengen. Das Mehl dazusieben und vorsichtig unterheben. Masse auf ein mit Backpapier ausgelegtes Backblech aufstreichen und im vorgeheizten Backrohr bei 200 °C etwa 15–20 Minuten backen. Nach dem Backen auf ein mit Kristallzucker bestreutes Backpapier stürzen und das Backpapier vorsichtig abziehen.

Kalte Biskuitmasse für Schnitten

Zutaten für 1 Biskuitboden à ca. 30 × 45 cm

5 Eidotter
20 g Staubzucker
Prise Vanillezucker
Prise Salz
Zitronenschale, gerieben
5 Eiklar

Zubereitung
Die Eidotter mit Staub- und Vanillezucker, Salz und Zitronenschale schaumig rühren. Eiklar leicht schlagen, den Kristallzucker einstreuen und zu Schnee ausschlagen. Die beiden Massen nur leicht miteinander vermengen. Mehl dazusieben und vorsichtig unterheben. Auf ein mit Backpapier ausgelegtes

100 g Kristallzucker
125 g Mehl
Kristallzucker zum Bestreuen

Backzeit
10 Minuten
Backtemperatur
200 °C

Backblech aufstreichen und im vorgeheizten Backrohr bei 200 °C etwa 10 Minuten backen. Nach dem Backen auf ein mit Kristallzucker bestreutes Backpapier stürzen und das Backpapier vorsichtig abziehen.

Kalte Biskuitmasse für Torten

Zutaten für 1 Torte (Ø 26 cm)

5 Eier
1 Eidotter
150 g Kristallzucker
Prise Vanillezucker
Prise Salz
Zitronenschale, gerieben
150 g Mehl
50 g Butterschmalz, geschmolzen
Kristallzucker zum Bestreuen

Backzeit
ca. 35 Minuten
Backtemperatur
180 °C

Zubereitung

Eier, Eidotter, Kristall- und Vanillezucker, Salz und Zitronenschale schaumig schlagen, bis die Masse nicht mehr an Volumen gewinnt. Das Mehl vorsichtig unterheben, danach das heiße Butterschmalz einrühren. Einen Tortenring mit Backpapier auskleiden, die Masse einfüllen und im vorgeheizten Backrohr bei 180 °C etwa 35 Minuten backen. Nach dem Backen auf ein mit Kristallzucker bestreutes Backpapier stürzen. Das Papier vorsichtig abziehen und die Torte aus dem Ring lösen.

Warme Biskuitmasse

Zutaten für 1 Torte (Ø 26 cm)

8 Eier
250 g Kristallzucker
125 g Mehl
125 g Maisstärke (Maizena)
50 g Butter, flüssig
Kristallzucker zum Bestreuen

Backzeit
ca. 45 Minuten
Backtemperatur
180 °C

Zubereitung
Eier mit Kristallzucker über Dampf dickschaumig aufschlagen, danach kalt schlagen. Mehl und Maisstärke miteinander mischen und vorsichtig unter die aufgeschlagene Masse heben. Flüssige Butter einrühren. Einen Tortenring mit Backpapier auskleiden, die Masse einfüllen und im vorgeheizten Backrohr bei 180 °C etwa 45 Minuten backen. Nach dem Backen auf ein mit Kristallzucker bestreutes Backpapier stürzen und auskühlen lassen. Das Papier vorsichtig abziehen und die Torte aus dem Ring lösen.

Kakaobiskuitmasse

Zutaten für 1 Torte (Ø 26 cm)

7 Eier
200 g Kristallzucker
Prise Salz
Prise Vanillezucker
100 g Weizenmehl
50 g Maisstärke (Maizena)
35 g Kakaopulver
50 ml Öl

Backzeit
35–40 Minuten
Backtemperatur
180 °C

Zubereitung
Eier mit Kristallzucker, Salz und Vanillezucker schaumig aufschlagen, bis das Volumen der Masse nicht mehr zunimmt. Mehl, Maisstärke und Kakaopulver vermischen und vorsichtig unter die Masse heben. Abschließend Öl behutsam unterziehen und die Masse im vorgeheizten Backrohr bei 180 °C 35–40 Minuten backen.

Alles über Eier

Eiereinkauf Gute Eier erkennt man schon an der Schale, die sauber, unverletzt und eben sein muss, weil andernfalls leicht Bakterien ins Innere dringen können. Folglich verderben beschädigte Eier schneller. Freilandeier weisen aufgrund der unterschiedlichen Futtersituation der Hühner sowohl einen kräftigeren Geschmack als auch ein intensiveres Dottergelb auf. Die geringen Mehrkosten für den Kauf von Freilandeiern machen sich also sowohl in moralischer als auch in geschmacklicher Hinsicht bezahlt.

Lagerung von Eiern

- Lagern Sie Ihre Eier kühl, dunkel und luftig bei 12 °C und etwa 80 % Luftfeuchtigkeit.
- Bewahren Sie Eier, die Sie länger lagern wollen, bei einer Temperatur zwischen 1 und 3 °C im Kühlschrank auf.
- Bringen Sie Eier aus dem Kühlschrank vor der Verwendung wieder auf Zimmertemperatur.
- Vermeiden Sie unnötige Temperaturschwankungen, da Eier durch „Schwitzen" zur Schimmelbildung neigen.
- Bewahren Sie Eier möglichst aromageschützt auf, da sie sehr leicht fremde Gerüche annehmen. Das ist gerade für die süße Küche von besonderer Bedeutung, da der Eierkuchen sonst schnell gemüsig schmeckt oder gar „fischelt".

Frischeproben Die Frische eines Eis lässt sich an der so genannten Schwimmprobe erkennen. Legen Sie das Ei in ein Wasserglas und beobachten Sie, wie es sich verhält. Bleibt es am Boden liegen, ist es frisch. Hebt es sich mit dem stumpfen Ende nach oben, ist das Ei etwa eine Woche alt. Steht es indessen bereits senkrecht im Glas, wurde es schon vor zwei, drei Wochen gelegt. Auch nach dem Aufschlagen des Eis lässt sich dessen Frische noch einmal überprüfen.
Das Ei sollte geruchsfrei sein, das Eiweiß das Eidotter kompakt umhüllen und das Dotter selbst sowohl erhaben als auch von leuchtender Farbe sein. Kleine, dunkle Flecken sind ein Zeichen dafür, dass das Ei befruchtet und nur mit entsprechender Vorsicht zu verwenden ist.
Am runden Ende des Eis ist ein Luftraum, die Luftkammer. Sie wird mit zunehmendem Alter des Eis größer.

Wie Eischnee sicher gelingt

- Verwenden Sie Eiweiß, das schon etwas abgelagert ist. Es eignet sich zum Schneeschlagen besser.
- Halten Sie Kessel und Mixgeräte wie Schneebesen, Rührmaschine oder Handmixer möglichst kühl.
- Verwenden Sie zum Schneeschlagen besser nur Kristallzucker.
- Schlagen Sie das Eiklar zunächst ohne Zucker, bis es sich zu binden beginnt, und heben Sie erst danach den Kristallzucker unter.
- Schlagen Sie – sofern im Rezept nicht anders vorgesehen – so lange, bis die Masse so steif ist, dass sie kleine „Gletschergipfel" bildet und schnittfest ist.

Nussmasse

Zutaten für 1 Torte (Ø 26 cm)

8 Eier
200 g Kristallzucker
10 g Vanillezucker
Zitronenschale, gerieben
25 g Nougat, flüssig
200 g Nüsse, gerieben
80 g Semmelbrösel
80 g Mehl
3 cl Rum

Backzeit
ca. 55 Minuten
Backtemperatur
170 °C

Zubereitung

Eier mit Kristallzucker, Vanillezucker und Zitronenschale schaumig aufschlagen. Nougat vorsichtig einrühren. Nüsse, Brösel und Mehl untermengen und abschließend mit Rum aromatisieren. Masse im vorgeheizten Backrohr bei 170 °C ca. 55 Minuten backen.

Mohnmasse

Zutaten für 1 Torte (Ø 26 cm)

220 g Butter
65 g Staubzucker
Prise Salz
Prise Vanillezucker
9 Eidotter
9 Eiklar
220 g Kristallzucker
300 g Graumohn, gemahlen
130 g Haselnüsse, gerieben

Zubereitung

Butter mit Staubzucker, Salz und Vanillezucker schaumig rühren. Eidotter nach und nach einmengen. Eiklar leicht zu schlagen beginnen und mit Kristallzucker zu Schnee ausschlagen. Schnee, Mohn und Haselnüsse vorsichtig unter die Eiermasse ziehen. Masse im vorgeheizten Backrohr bei 170 °C ca. 50 Minuten backen.

Backzeit

ca. 50 Minuten

Backtemperatur

170 °C

Dobosmasse

Zutaten
7 Eidotter
80 g Staubzucker
7 Eiklar
70 g Kristallzucker
140 g Mehl

Backzeit
8 Minuten
Backtemperatur
ca. 200 °C

Zubereitung
Eidotter mit Staubzucker schaumig rühren, Eiklar zu Schnee schlagen und mit Kristallzucker ausschlagen. Schnee gemeinsam mit dem Mehl vorsichtig unter die Dottermasse mengen. Auf einem Backpapier sechs Kreise von etwa 23 cm Durchmesser aufzeichnen, die Masse darauf verteilen und glatt streichen. Nacheinander alle 6 Tortenböden bei 200 °C jeweils etwa 8 Minuten backen.

Esterházymasse

Zutaten für Schnitten (30 × 45 cm) oder für 2 Torten (à Ø 26 cm)
660 g Eiklar (ca. 22)
660 g Kristallzucker
660 g Haselnüsse, fein gerieben
15 g Vanillezucker

Backzeit
8–10 Minuten je Schicht
Backtemperatur
200 °C

Zubereitung
Eiklar leicht zu schlagen beginnen und mit Kristallzucker zu Schnee ausschlagen. Geriebene Haselnüsse und Vanillezucker vorsichtig unterheben. Auf ein mit Backpapier ausgelegtes Backblech (oder Tortenform) eine Schichte 5 mm hoch aufstreichen und im vorgeheizten Backrohr unter Beobachtung bei 200 °C goldbraun backen. Den Vorgang fünfmal wiederholen, bis die Masse aufgebraucht ist.

Panamamasse

Zutaten für 1 Torte
(Ø 26 cm)
7 Eidotter
30 g Kristallzucker
2 cl Rum
7 g Vanillezucker
Prise Salz
Zitronenschale, gerieben
90 g Kuvertüre, zartbitter
7 Eiklar
140 g Kristallzucker für den Schnee
60 g Mehl
90 g Mandeln, gerieben
90 g Haselnüsse, gerieben
Butter für die Form

Backzeit
ca. 50 Minuten
Backtemperatur
170 °C bei leicht geöffnetem Backrohr

Zubereitung
Eidotter mit Kristallzucker, Rum, Vanillezucker, Salz und Zitronenschale schaumig rühren. Kuvertüre im Wasserbad erwärmen und in die Masse einrühren. Eiklar mit Kristallzucker zu Schnee schlagen und unter die Eidottermasse mischen. Mandeln, Haselnüsse und Mehl miteinander vermengen, dann unter die Masse heben. In eine gebutterte Form füllen und im vorgeheizten, leicht geöffneten Backrohr bei 170 °C ca. 50 Minuten backen.

Sachermasse (Schokoladenmasse)

Zutaten für 1 Torte (Ø 26 cm)

200 g Butter
170 g Staubzucker
9 Eidotter
200 g Kochschokolade
9 Eiklar
170 g Kristallzucker
200 g Mehl
Butter für die Form

Backzeit
ca. 55 Minuten

Backtemperatur
170 °C

Zubereitung

Butter mit Staubzucker schaumig rühren, Eidotter unterrühren. Kochschokolade im Backrohr weich werden lassen und in die Buttermasse einmengen. Eiklar leicht schlagen und mit Kristallzucker zu Schnee ausschlagen. Schnee sowie Mehl abwechselnd vorsichtig unter die Masse rühren. In eine gebutterte Springform füllen und im vorgeheizten Backrohr bei 170 °C etwa 55 Minuten backen.

Schaummasse

Zutaten für 2 Torten (à Ø 26 cm) oder 1 Kuchenboden (30 × 45 cm)

Rezept I

300 g Eiklar
500 g Kristallzucker
120 ml Wasser

Rezept II

240 g Eiklar
240 g Kristallzucker
200 g Staubzucker

Zubereitung

Rezept I

Eiklar leicht zu schlagen beginnen, dann mit 50 g (!) Kristallzucker zu festem Schnee ausschlagen. Wasser mit der restlichen Zuckermenge zu Sirup kochen (117 °C), etwas überkühlen lassen, langsam in den Eischnee einmengen und kalt rühren. Die Schaummasse über Fruchttorten oder -schnitten verteilen, ein dekoratives Muster hineinziehen und mit einem im Fachhandel erhältlichen „Crème-Brûlée-Brenner" flämmen oder bei starker Oberhitze kurz überbacken.

Rezept II

Eiklar mit etwas Kristallzucker zu Schnee schlagen, mit dem restlichen Kristallzucker ausschlagen. Abschließend den gesiebten Staubzucker unterheben. Die Schaummasse über Fruchttorten oder -schnitten verteilen, ein dekoratives Muster hineinziehen und mit einem im Fachhandel erhältlichen „Crème-Brûlée-Brenner" flämmen oder bei starker Oberhitze kurz überbacken.

Makronenmasse

Zutaten
für ca. 60 Stück
450 g Marzipanrohmasse
400 g Staubzucker
90 g Hasel- oder Walnüsse, gerieben (ersatzweise Mandeln)
1 Msp. Zimt, gemahlen
5 Eiklar
Staubzucker zum Bestreuen

Backzeit
12–15 Minuten
Backtemperatur
160 °C bei leicht geöffnetem Backrohr

Zubereitung
Marzipanrohmasse mit Staubzucker, Nüssen, Zimt und 1 (!) Eiklar in eine Schüssel geben und gut verkneten. Nach und nach restliches Eiklar einarbeiten, bis eine vollkommen glatte, spritzfähige Masse entstanden ist. Masse in einen Dressiersack mit glatter Tülle (rundes Aufsatzstück) füllen und Halbkugeln auf ein mit Backpapier ausgelegtes Backblech spritzen. Makronen mit etwas Staubzucker bestreuen und antrocknen lassen (am besten über Nacht). Dann im vorgeheizten Backrohr bei 160 °C etwa 12–15 Minuten backen. Währenddessen das Backrohr einen Spalt offen lassen, damit der Dampf entweichen kann. Makronen herausnehmen, abkühlen lassen und vom Backpapier lösen.

Tipp: Wenn Sie – nachdem die Makronen fertig gebacken und etwas abgekühlt sind – das Backpapier etwas anheben und die Unterseite mit einem feuchten Tuch bestreichen, lassen sich die Makronen problemlos vom Papier lösen.

Hippenmasse

Zutaten
50 g Staubzucker
50 g Mehl
50 g Butter, flüssig
1 Eiklar
Butter und Mehl für das Backblech

Backzeit
ca. 5 Minuten

Backtemperatur
180 °C

Zubereitung
Staubzucker mit Mehl, flüssiger Butter und Eiklar gut verrühren. Das Backrohr auf 180 °C vorheizen. Masse auf ein gefettetes und bemehltes Backblech in beliebigen Formen (Schablonen) auftragen und etwa 5 Minuten backen.

Tipp: Die dünnen, aus Karton geschnittenen Schablonen können in beliebiger Form, quadratisch, rechteckig, dreieckig oder rund, auf das Backblech gesetzt werden. Danach wird die Masse dünn aufgetragen, überflüssiger Teig abgestrichen und die Hippen gebacken.

Sesamhippen

Zutaten
100 ml Orangensaft
200 g Staubzucker
60 g Mehl
125 g Sesam, geschält
120 g Butter, flüssig

Backzeit
5 Minuten

Backtemperatur
200 °C

Zubereitung
Für den Hippenteig alle Zutaten miteinander verrühren. Ein Backblech mit Backpapier auslegen und den Teig in beliebiger Form, etwa Streifen mit 10 × 3 cm, hauchdünn aufstreichen. Im vorgeheizten Backrohr bei 200 °C ca. 5 Minuten backen. Vom Papier lösen und noch warm in die gewünschte Form bringen, indem man die Hippen etwa in eine kleine Schüssel legt oder über eine zylinderförmige Schaumrollenform rollt. Erkalten lassen.

Baumkuchen

Zutaten

360 g Butter
160 g Staubzucker
10 Eidotter
260 g Marzipan, passiert
10 Eiklar
130 g Kristallzucker
140 g Mehl
130 g Stärkemehl

Backzeit
ca. 2–3 Minuten je Schicht

Backtemperatur
maximale Oberhitze, 150 °C Unterhitze

Zubereitung

Butter und Staubzucker schaumig schlagen, nach und nach Eidotter einrühren und passiertes Marzipan beigeben. Eiklar und Kristallzucker zu Schnee schlagen, Mehl und Stärkemehl vermischen und den Schnee abwechselnd mit der Mehlmischung in die Dottermasse einrühren. Ein Backblech mit Alufolie ordentlich auslegen (glänzende Seite nach unten), eine dünne Schicht auftragen und diese bei maximaler Oberhitze und 150 °C Unterhitze etwa 2–3 Minuten backen. Nächste Schicht auftragen, abermals kurz backen und so fortfahren, bis die Masse aufgebraucht ist. Auskühlen lassen, Folie abziehen und nach Belieben weiterverarbeiten.

Verwendung: entweder als klassischer Baumkuchen oder zum Auskleiden von Terrinenformen für Parfaits oder Mousses

Tipps: Der klassische Baumkuchen wird oben mit Marillenmarmelade bestrichen, in Würfel geschnitten und mit Schokolade glasiert. Wer über eine professionelle Backwalze verfügt, kann die Schichten auf dieser backen und somit die klassische Ringform erzielen.

Biskottenmasse

Zutaten (für die Biskottenmenge einer Malakofftorte)

5 Eidotter
50 g Staubzucker
½ TL Vanillezucker
5 Eiklar
70 g Kristallzucker
125 g Mehl
Staubzucker zum Bestreuen

Backzeit

je nach Größe der Biskotten 5–8 Minuten

Backtemperatur

200 °C bei leicht geöffnetem Backrohr

Zubereitung

Eidotter mit Staub- und Vanillezucker weiß und schaumig schlagen. Eiklar leicht zu schlagen beginnen, Kristallzucker einstreuen und zu Schnee ausschlagen. Beide Massen nur leicht miteinander vermengen, das Mehl dazusieben und vorsichtig unterheben. Biskotten mit einem Spritzsack mit glatter Tülle (rundes Aufsatzstück) auf ein mit Backpapier ausgelegtes Backblech spritzen, mit Staubzucker bestreuen und im auf 200 °C vorgeheizten Backrohr 5–8 Minuten backen. Dabei das Backrohr einen kleinen Spalt offen lassen.

Läuterzucker

Zutaten

1 l Wasser
1 kg Kristallzucker

Zubereitung

Wasser und Zucker langsam aufkochen lassen. Schaum abschöpfen und weiterkochen, bis die Flüssigkeit klar ist.

Tipps :

- Wenn Sie kurz vor dem Aufkochen noch einige Esslöffel kaltes Wasser hinzufügen und dann nochmals umrühren, lässt sich der Schaum besser abschöpfen.
- Decken Sie den Topf, sobald der Zucker zu kochen beginnt, einige Sekunden lang zu. Der sich am Topfrand ansetzende Zucker wird dann durch die Dampfbildung gelöst und geht nicht verloren.
- Läuterzucker lässt sich bequem vorbereiten und gut verschlossen problemlos 2–3 Wochen an einem kühlen Ort lagern.

Wenn Konditoren spinnen oder: wie man Zucker kocht

Läuterzucker ist für die süße Küche – vom Glasieren bis zum Einsieden – so wichtig wie es Fonds für die Saucenherstellung sind. Der Läuterzucker dient dabei allerdings nur als Ausgangsprodukt. Um dieses vielfältig weiterverwenden zu können, muss der Zucker anschließend meist bis zu einer bestimmten Konsistenz weitergekocht oder wie man im Fachjargon sagt „gesponnen“ werden. Um dabei möglichst exakt arbeiten zu können, ist die Verwendung eines im Küchenfachhandel erhältlichen Zuckerthermometers unbedingt erforderlich. Es gibt jedoch auch einige alte Zuckerbäcker- und Hausfrauentricks, wie man die richtige Konsistenz des gekochten Zuckers auch ohne Thermometer erkennt: ➢

Läuterzucker
Temperatur: 98–100 °C
Erkennungsprobe: Die Flüssigkeit muss klar und durchsichtig sein.

Breitlauf
Temperatur: knapp über 100 °C
Erkennungsprobe: Der Zuckersirup läuft beim Eintauchen eines Kochlöffels von diesem in breitem Strahl ab.
Verwendung für Dunstobst und zum Bestreichen von Backwerk

Schwacher Faden (auch kleine Perle)
Temperatur: 104–105 °C
Erkennungsprobe: Zeigefinger und Daumen anfeuchten, etwas Zuckersirup darauf geben und beobachten, ob beim Öffnen und Schließen der Finger ein schwacher Faden entsteht.
Verwendung für Eis, Glasuren, kandierte Früchte, Dunstobst

Starker Faden (auch große Perle)
Temperatur: 107–108 °C
Erkennungsprobe: Die Probe funktioniert wie beim „Schwachen Faden", allerdings muss der Zuckerfaden deutlich länger sein.
Verwendung für Kompotte, Konfitüren und Strichglasuren

Schwacher oder kleiner Flug
Temperatur: 112–113 °C
Erkennungsprobe: Eine Drahtschlinge in den Sirup eintauchen, gleich wieder herausnehmen und leicht draufblasen. Der an der Schlinge haftende Zucker muss in kleinen Bläschen davonfliegen.
Verwendung für Fondantglasur, Schmelzglasur, zum Bestreichen von Schnecken und Plundergebäck

Starker oder großer Flug (auch: Kettenflug)
Temperatur: 114–117 °C
Erkennungsprobe: wie beim „Kleinen Flug", nur müssen die Blasen größer sein und in einer ganzen Kette wegfliegen
Verwendung für Marmeladen, Fondant und Meringue

Ballen (auch: große Blase)
Temperatur: 123–125 °C
Erkennungsprobe: Wenn Sie einen Silberlöffel zuerst in Eiswasser, dann in Zuckersirup und anschließend wieder in Eiswasser tauchen, so sollte sich aus dem daran haftenden Zucker ein geschmeidiger, unzerbrechlicher Ballen formen lassen.
Verwendung für Fondant für Bonbons und Zuckerschaum

Schwacher Bruch
Temperatur: 135–138 °C
Erkennungsprobe: Holzstäbchen oder Kochlöffelstiel leicht befeuchten und zuerst in den Zucker, dann in kaltes Wasser tauchen. Der Zucker muss beim Ablösen vom Holz wie Glas zerbrechen und darf beim Kosten nicht an den Zähnen haften bleiben.
Verwendung für Bonbons, zum Verzuckern von Früchten und für Zuckerfädenverzierungen

Starker Bruch (auch: Karamellzucker)
Temperatur: 146–150 °C
Erkennungsprobe: Karamell ist eine hellbraun-goldgelbe, sämighomogene Flüssigkeit.
Verwendung für Grillagen und Dobosglasur

Ganacheglasur

Zutaten für ca. 900 g (Glasur für 6–7 Torten à Ø 26 cm)
250 ml Milch
85 ml Schlagobers
50 g Zucker
65 ml Wasser
65 ml Glucosesirup (zähflüssiger Stärkesirup, s. u. Tipp)
400 g Kuvertüre, dunkel

Zubereitung
Alle Zutaten – ausgenommen die Kuvertüre – in einer Kasserolle aufkochen lassen. Vom Herd nehmen, die grob gehackte Kuvertüre zugeben und rühren, bis sie vollständig geschmolzen ist. Dann homogenisieren, indem man den Mixstab in die Glasur stellt, dann erst einschaltet und den Stab kreisend darin bewegt. Dabei nicht an die Oberfläche kommen, damit keine Luft eingemischt wird und die glatte, glänzende Glasur richtig emulgiert.

Tipps: Steht Ihnen kein Glucosesirup zur Verfügung, so lässt er sich entweder durch Läuterzucker (s. S. 38) ersetzen, oder Sie erhöhen die Milch- und Schlagobersmenge um insgesamt 65 ml. Die fertige Glasur lässt sich etwa 2–3 Wochen lagern und muss bei Bedarf lediglich im Wasserbad erwärmt werden. Dabei eventuell mit etwas Wasser verdünnen oder mit etwas Kuvertüre sämiger machen.

Wie man Torten richtig überzieht
Gelungene Glasuren erfreuen nicht nur das Auge, sondern auch den Gaumen. Beachten Sie dabei folgende Grundregeln:
- Bestreichen Sie Tortenböden, bei denen das Rezept unter der Glasur Marmelade vorsieht, immer nur ganz dünn.
- Gießen Sie die Glasur in lauwarmem Zustand über die Torte und halten Sie in der anderen Hand ein Messer bereit, mit dem Sie die Glasur von der Mitte aus gleichmäßig bis an die Ränder verstreichen können.

- Drücken Sie beim Verstreichen der Glasur niemals zu stark mit dem Messer auf, sondern lassen Sie die Glasur vom schräg gehaltenen Messer langsam und gleichmäßig ablaufen.
- Stellen Sie die Torte vor dem Erkalten zum Abtrocknen kurz in das halb offene und noch temperierte Backrohr zurück, in dem Sie die Torte zuvor gebacken haben.

Schokoladeglasur (Sacherglasur)

Zutaten für die Glasur einer Torte

260 g Kristallzucker
170 ml Wasser
200 g Kochschokolade

Zubereitung

Kristallzucker mit Wasser einige Minuten bei starker Hitze aufkochen, vom Herd nehmen und ein paar Minuten auskühlen lassen. Kochschokolade zerkleinern und in der noch warmen Zuckerlösung nach und nach auflösen, so dass eine dickflüssige, glatte Glasur entsteht. Die Glasurmasse sollte sämig bleiben und lauwarm sein. Wenn sie zu heiß ist, bekommt sie keinen Glanz und bleibt nach dem Trocknen stumpf. Fertige Glasur in einem Guss über die Torte geben und rasch mit zwei, drei Palettenstrichen glatt streichen.

Tipps:

- Stellen Sie eine Sachertorte niemals in den Kühlschrank, da die Glasur sonst zu „schwitzen" anfängt und sich dadurch Wassertropfen bilden.
- Da die Rezeptur der Original Sachertorte seit 1832 ein streng gehütetes Geheimnis ist, handelt es sich bei dieser Sacherglasur nicht um das Originalrezept.

Fondant

Zutaten

1 kg Kristallzucker
100 g Glucosesirup
(zähflüssiger Stärkezucker)
400 ml Wasser

Zubereitung

Rezept für Fortgeschrittene

Kristallzucker mit Wasser verrühren, bei starker Hitze zum Kochen bringen, abschäumen und Glucose zugeben. Mit einem nassen Pinsel immer wieder den Zucker vom Rand „abwaschen". Zuckersud auf 115 °C (Zuckerthermometer) bis zum Kettenflug (s. Läuterzucker S. 38) kochen. Anschließend auf eine leicht mit Wasser befeuchtete Marmorplatte schütten, Oberfläche zart mit Wasser besprühen und mit einer Holzspachtel von außen nach innen bearbeiten (tablieren), bis die Masse etwa Körpertemperatur hat. Die Masse wird zuerst milchig weiß, bis sie durch weiteres Bearbeiten immer undurchsichtiger wird und schließlich erstarrt. Fondant mit einem feuchten Tuch abdecken. Geschmeidig kneten und je nach Verwendung weiterverarbeiten.

Verwendung: für Punschkrapfen oder Punschtorten, zum Glasieren von Plundergebäck oder Cremeschnitten

Tipps:

- Der in diesem Rezept verwendete Glucose- oder Stärkesirup ist die gereinigte und konzentrierte wässrige Lösung von zur Ernährung geeigneten, aus Stärke gewonnenen

Sacchariden. Im „normalen" Handel ist er zwar nur schwer erhältlich, erleichtert aber das Zuckerkochen gegenüber dem früher zu diesem Zweck verwendeten Erdäpfelsirup ungemein. Bitten Sie daher einen Konditor Ihres Vertrauens rechtzeitig, Ihnen etwas von diesem „Wundermittel" zu verkaufen, oder fragen Sie in Drogerien und Apotheken danach.

- Fondant lässt sich in gut verschließbaren Behältnissen, mit Folie abgedeckt, auch länger lagern.

Eiweißglasur

Zutaten

1 Eiklar
Saft von 1 Zitrone
ca. 350 g Staubzucker

Zubereitung

Eiklar mit Zitronensaft verrühren, danach gesiebten Staubzucker nach und nach zugeben und gut einrühren.
Tipp Die Konsistenz dieser Glasur lässt sich je nach gewünschter Dicke durch eine erhöhte bzw. verminderte Zuckerbeigabe variieren.

Zitronenglasur

Zutaten

Staubzucker nach Bedarf
Saft von 1 Zitrone

Zubereitung

Gesiebten Staubzucker und Zitronensaft zu dicklicher Konsistenz rühren.

Grundteige, Massen und Glasuren

Süße Verführungen aus Plunder-, Blätter- und Brandteig

Marmorgugelhupf

Zutaten für 1 Form mit Ø 20 cm

250 g Butter
20 g Staubzucker
10 g Vanillezucker
Prise Salz
Schale von ½ Zitrone, abgerieben
5 Eidotter
5 Eiklar
150 g Kristallzucker
190 g Mehl
40 g Maisstärke (Maizena)
10 g Kakao
2 cl Öl
Butter und Mehl für die Form
Staubzucker zum Bestreuen

Backzeit
ca. 1 Stunde
Backtemperatur
180 °C

Zubereitung

Butter mit Staubzucker, Vanillezucker, Salz und Zitronenschale schaumig rühren. Eidotter nach und nach unterrühren. Eiklar aufschlagen, mit Kristallzucker zu Schnee schlagen und unterheben. Mehl und Maisstärke gemeinsam sieben und in die Masse vorsichtig einrühren. Die Masse halbieren und in eine Hälfte Kakaopulver und Öl einrühren. Gugelhupfform mit weicher Butter ausstreichen und mit Mehl ausstreuen. Beide Massen abwechselnd in die Form füllen, um die typische Marmorierung zu erzielen. Im vorgeheizten Backrohr bei 180 °C ca. 1 Stunde backen. Auskühlen lassen, stürzen und mit Staubzucker bestreuen.

Gugelhupf

Zutaten für 1 Form mit Ø 20 cm

250 g Butter
20 g Staubzucker
10 g Vanillezucker
Prise Salz
Schale von ½ Zitrone, abgerieben
5 Eidotter
5 Eiklar
150 g Kristallzucker
190 g Mehl
40 g Maisstärke (Maizena)
30 g Rosinen
Butter und Mehl für die Form
Staubzucker zum Bestreuen

Backzeit
ca. 1 Stunde
Backtemperatur
180 °C

Zubereitung

Butter mit Staubzucker, Vanillezucker, Salz und Zitronenschale schaumig rühren. Eidotter nach und nach unterrühren. Eiklar aufschlagen, mit Kristallzucker zu Schnee schlagen und unterheben. Mehl und Maisstärke sieben und gemeinsam mit den Rosinen vorsichtig unter die Masse ziehen. Gugelhupfform mit Butter ausstreichen und mit Mehl ausstreuen. Masse einfüllen und im vorgeheizten Backrohr bei 180 °C ca. 1 Stunde backen. Auskühlen lassen, stürzen und mit Staubzucker bestreuen.

Rumgugelhupf mit Rotweinbirnen

aus Mörwalds süßer Küche

Zutaten

für 4 Portionsförmchen

Für die Rotweinbirnen

500 g Birnen, vollreif
1 kleine Vanillestange
1 kleine Zimtstange
1 Gewürznelke
200 ml Rotwein
70 g Kristallzucker
Saft von ½ Zitrone
Saft von ½ Orange

Für den Rumgugelhupf

120 g Kristallzucker
80 g Butter
2 Eidotter
50 g Haselnüsse, geröstet und gerieben
40 g Schokolade, gerieben
1 Msp. Zimtpulver
70 g Mehl
1 EL Rum
3 Eiklar
Butter und Brösel für die Förmchen

Zubereitung

Für die Rotweinbirnen sämtliche Zutaten in einem Topf zum Kochen bringen und die geschälten, entkernten Birnenhälften darin kurz aufkochen lassen. Alles zusammen bei Zimmertemperatur etwa 6 Stunden ziehen lassen.

Für den Rumgugelhupf Butter mit der Hälfte des Zuckers schaumig rühren. Nach und nach Eidotter, Haselnüsse, Schokolade, Zimt, Rum und Mehl dazugeben und alles gut vermischen. Eiklar mit restlichem Zucker steif schlagen und unter die Masse heben. Gugelhupfmasse in gebutterte und mit Semmelbröseln bestreute Portionsförmchen füllen und im vorgeheizten Backrohr bei 180 °C ca. 18 Minuten backen. Birnen fächerförmig aufschneiden. In tiefen Tellern anrichten, den Gugelhupf darauf stürzen und warm servieren.

Backzeit
ca. 18 Minuten

Backtemperatur
180 °C

Plundergugelhupf

Zutaten

500 g Plunderteig (s. S. 18)
60 g Butter
60 g Staubzucker
100 g Marillenmarmelade zum Bestreichen
Mehl für die Arbeitsfläche
Butter und Mehl für die Form

Für die Nussfülle

100 ml Milch
100 g Kristallzucker
10 g Vanillezucker
1 KL Honig
Prise Zimt
Schale von 1 Zitrone, gerieben
250 g Walnüsse, gerieben
1 Eiklar
2 cl Rum

Zubereitung

Plunderteig nach Anleitung zubereiten und auf einer bemehlten Arbeitsfläche zu einem 25 × 35 cm großen Rechteck ausrollen. Butter und Staubzucker glatt rühren.

Für die Nussfülle Milch mit Kristallzucker, Vanillezucker, Honig, Zimt und Zitronenschale aufkochen. Nüsse einrühren und die Masse etwas überkühlen lassen. Eiklar und Rum untermischen. Butter-Staubzucker-Gemisch auf den Plunderteig auftragen. Dann zuerst die Marillenmarmelade darauf streichen und dann die überkühlte Nussfülle auftragen. Den Plunderteig einrollen und der Länge nach halbieren. Die zwei Teile zu einem Striezel drehen und in eine

Zum Überglänzen

40 g Marillenmarmelade
Mandelsplitter, geröstet

Backzeit
ca. 70 Minuten
Backtemperatur
180 °C

befettete, bemehlte Gugelhupfform legen. Mit Butter bestreichen und etwa 20 Minuten aufgehen lassen. Im vorgeheizten Backrohr bei 180 °C ca. 70 Minuten backen. Nach dem Backen aus dem Rohr nehmen, stürzen und mit etwas Marillenmarmelade überglänzen. Mit gerösteten Mandelsplittern bestreuen.

Kaisergugelhupf

Zutaten

430 g Mehl
220 g Butter
90 g Staubzucker
6 Eier
170 ml Milch
42 g Germ (1 Pkg.)
60 g Rosinen
Salz
Schale von 1 Zitrone, gerieben
Butter und Mehl für die Form
Staubzucker zum Bestreuen

Backzeit
ca. 1 Stunde
Backtemperatur
180 °C

Zubereitung

Butter mit Staubzucker schaumig rühren. Nach und nach Eier mit je einem Esslöffel Mehl zugeben. Germ in lauwarmer Milch auflösen, gemeinsam mit restlichem Mehl zugeben und alles gut durchkneten. Abschließend Rosinen, Salz und Zitronenschale einrühren. Gugelhupfform mit weicher Butter ausstreichen und mit Mehl ausstreuen. Teig einfüllen und mit einem Tuch zugedeckt an einem warmen Ort etwa 1 Stunde gehen lassen. Dann im vorgeheizten Backrohr bei 180 °C ca. 1 Stunde backen. Überkühlen lassen, stürzen und mit Staubzucker bestreuen.

Reindling

Zutaten

500 g Mehl
50 g Kristallzucker
42 g Germ (1 Pkg.)
250 ml Milch, lauwarm
50 g Butter, flüssig
2 Eidotter
Prise Salz
50 g Honig
150 g Rosinen
150 g Nüsse, grob gemahlen
150 g Staubzucker, mit Zimt vermischt
Mehl für die Arbeitsfläche
Butter und Mehl für die Form
Staubzucker zum Bestreuen

Backzeit
ca. 45 Minuten
Backtemperatur
190 °C

Zubereitung

Mehl, Salz und Kristallzucker miteinander vermischen. Germ in lauwarmer Milch auflösen und mit flüssiger Butter und Dottern unter das Mehl mengen. Mit einem Kochlöffel kurz verrühren und so lange kneten, bis der Teig geschmeidig und glatt ist. Zugedeckt an einem warmen Ort 40 Minuten gehen lassen. Auf einer bemehlten Arbeitsfläche zu einem Rechteck ausrollen. Teig mit Honig bestreichen, Rosinen und Nüsse gleichmäßig darauf verteilen und dick mit Zimtzucker bestreuen. Teig wie einen Strudel zusammenrollen und in eine gefettete, bemehlte Kranzform legen. Nochmals zugedeckt 20 Minuten gehen lassen und im vorgeheizten Backrohr bei 190 °C 45 Minuten backen. Aus der Form lösen und mit Staubzucker bestreuen.

Tipp: Der Reindling, eine typische Kärntner Spezialität, wird keineswegs nur als Nachspeise gegessen. Vor allem zur Osterzeit serviert man ihn mit Ostereiern, -schinken, Eierkren und Hauswürsten zum Frühstück und bei traditionellen Hochzeitsschmäusen sogar zu Fleischgerichten. Dann wird er allerdings ohne Zucker zubereitet und statt mit Rosinen und Nüssen mit Estragonblättern gefüllt.

Nusspotitze

Zutaten

700 g Mehl
250 ml Milch, lauwarm
30 g Germ
20 g Kristallzucker
Prise Salz
2 Eidotter
100 g Butter, flüssig
1 Ei zum Bestreichen
Mehl für die Arbeitsfläche
Butter für das Backblech
Vanillestaubzucker zum Besieben

Für die Fülle

100 g Kristallzucker
40 ml Milch
400 g Honig
500 g Walnüsse, gerieben
Prise Nelkenpulver
3 cl Rum
30 g Semmelbrösel

Backzeit
ca. 45 Minuten
Backtemperatur
190 °C

Zubereitung

Germ in lauwarmer Milch auflösen. Mit etwas Mehl zu einem Dampfl verrühren und mit einem Tuch bedeckt an einem warmen Ort 20 Minuten gehen lassen. Die restlichen Zutaten zugeben und so lange schlagen, bis sich der Teig vom Rand der Schüssel löst. Erneut abdecken und aufgehen lassen, bis der Teig etwa das Doppelte seines Volumens erreicht hat.

Für die Fülle Milch mit Zucker aufkochen. Honig, Nüsse sowie Nelkenpulver einrühren und nochmals aufkochen lassen. Vom Herd nehmen, Rum einrühren und mit Semmelbröseln binden. Den Teig nochmals gut durchkneten und auf einer bemehlten Arbeitsfläche dünn ausrollen. Die ausgekühlte Füllung darauf verstreichen, wie eine Roulade fest zusammenrollen und auf ein gefettetes Backblech legen. Die Rolle mit verschlagenem Ei bestreichen und nochmals 30 Minuten aufgehen lassen. Im vorgeheizten Backrohr bei 190 °C ca. 45 Minuten backen. Auskühlen lassen und mit Vanillestaubzucker besieben.

Topfenkolatschen

Zutaten für ca. 30 Stück

Blätterteig nach Grundrezept (s. S. 17) oder ca. 1,2 kg Fertigteig
Mehl für die Arbeitsfläche
1 Ei zum Bestreichen
Butter zum Bestreichen
Staubzucker zum Bestreuen

Für die Fülle

50 g Butter
100 g Staubzucker
20 g Vanillepuddingpulver
300 g Topfen, passiert
2 Eier
Schale von 1 Zitrone, abgerieben
15 g Vanillezucker
Prise Salz
60 g Rosinen
2 cl Rum

Backzeit
ca. 15 Minuten
Backtemperatur
von 200 °C auf 170 °C fallend

Zubereitung

Den Blätterteig nach Anleitung zubereiten. **Für die Fülle** Butter mit Staubzucker schaumig rühren. Alle anderen Zutaten – außer Rosinen und Rum – einrühren. Zum Schluss Rosinen und Rum einmengen. Den Teig auf einer bemehlten Arbeitsfläche ausrollen. Etwas Teig als Dekor zur Seite geben und zu kleinen, 2 × 2 cm großen Quadraten schneiden. Den Rest in 11 × 11 cm große Quadrate schneiden. Topfenfülle in der Mitte auftragen. Die vier Ecken der Quadrate mit verschlagenem Ei bestreichen, zur Mitte hin einschlagen und abermals mit Ei bestreichen. Die kleinen Teigquadrate in die Mitte legen, leicht andrücken und ebenfalls mit Ei bestreichen. Mit flüssiger Butter bestreichen und auf ein gefettetes Backblech legen. Im vorgeheizten Backrohr bei 200 °C anbacken und bis auf 170 °C abfallend etwa 15 Minuten backen. Mit Staubzucker bestreuen.

Zwetschkenkolatschen

Zutaten für ca. 30 Stück
Plunderteig nach Grundrezept (s. S. 18)
1 Ei zum Bestreichen
Mehl für die Arbeitsfläche
Butter zum Bestreichen
Staubzucker zum Bestreuen

Für die Fülle
200 ml Rotwein
80 g Kristallzucker
Prise Zimt
150 g Dörrzwetschken, entkernt
400 g Zwetschken, entkernt
30 g Maisstärke (Maizena)

Backzeit
ca. 15 Minuten
Backtemperatur
von 200 °C auf 170 °C fallend

Zubereitung
Plunderteig laut Grundrezept zubereiten. Zwetschken und Dörrzwetschken schneiden. Rotwein mit Kristallzucker und Zimt aufkochen lassen. Früchte zugeben und einige Minuten köcheln lassen. Maisstärke in wenig Wasser anrühren und zu den Früchten geben. Kurz aufkochen lassen und vom Herd nehmen. Plunderteig auf einer bemehlten Arbeitsfläche dünn ausrollen und in 11 × 11 cm große Quadrate schneiden. Die Ecken der Quadrate jeweils mit verschlagenem Ei bestreichen und diese zur Mitte hin – nicht ganz schließend – einschlagen. In der Mitte etwas Zwetschkenmasse mit wenig Saft auftragen und mit flüssiger Butter bestreichen. Kolatschen auf ein leicht befettetes Backblech setzen, im vorgeheizten Backrohr bei 200 °C anbacken und bis auf 170 °C abfallend – je nach Größe – etwa 15 Minuten fertig backen. Mit Staubzucker bestreuen.

Nussschnecken

Zutaten für ca. 30 Stück

Plunderteig nach Grundrezept (s. S. 18)
50 g Rosinen
Mehl für die Arbeitsfläche
Butter zum Bestreichen
Marillenmarmelade
ca. 100 g Fondant (s. S. 42)
Mandelsplitter zum Bestreuen

Für die Fülle

150 ml Milch
150 g Kristallzucker
10 g Vanillezucker
1 KL Honig
Prise Zimt
Schale von 1 Zitrone
400 g Walnüsse, gerieben
1 Eiklar
2 cl Rum

Backzeit
ca. 15 Minuten
Backtemperatur
von 200 °C auf 170 °C fallend

Zubereitung

Plunderteig laut Grundrezept zubereiten. **Für die Fülle** Milch mit Kristallzucker, Vanillezucker, Honig, Zimt und geriebener Zitronenschale aufkochen lassen. Nüsse einrühren und die Masse etwas überkühlen lassen. Eiklar und Rum untermischen.
Plunderteig auf einer bemehlten Arbeitsfläche zu einem ca. 2,5 mm dicken und 40 × 90 cm großen Rechteck ausrollen. Nussfülle aufstreichen und Rosinen darüber streuen. Von der Längsseite her einrollen und etwa 3 cm große Stücke abschneiden.
Die Schnecken auf ein leicht befettetes Backblech legen und etwas gehen lassen. Mit flüssiger Butter bestreichen und im vorgeheizten Backrohr bei 200 °C anbacken und bis auf 170 °C abfallend etwa 15 Minuten backen. Nach dem Backen Nussschnecken aprikotieren (mit Marillenmarmelade bestreichen) und mit leicht erwärmtem Fondant glasieren. Abschließend die gerösteten Mandelsplitter darauf streuen.

Mohnkipferln

Zutaten für ca. 30 Stück
Plunderteig nach Grundrezept (s. S. 18)
Mehl für die Arbeitsfläche
Butter zum Bestreichen
Staubzucker zum Bestreuen

Für die Fülle
150 ml Milch
15 g Honig
60 g Kristallzucker
10 g Vanillezucker
Prise Zimt
Schale von 1 Zitrone
2 cl Rum
200 g Graumohn, gemahlen
100 g Semmel- oder Biskuitbrösel
120 g Kuvertüre, weiß

Backzeit
ca. 15 Minuten
Backtemperatur
von 200 °C auf 170 °C fallend

Zubereitung
Plunderteig laut Grundrezept zubereiten. **Für die Fülle** Mohn mit Bröseln vermischen. Milch mit Honig, Kristallzucker, Vanillezucker, Rum, geriebener Zitronenschale sowie Zimt aufkochen lassen, vom Herd nehmen und die Bröselmischung einrühren. Kuvertüre schmelzen, ebenfalls einrühren und die Masse überkühlen lassen. Teig auf einer bemehlten Arbeitsfläche ausrollen und in hohe Dreiecke schneiden. Mohnfülle aufstreichen, einrollen und zu Kipferln formen. Mit flüssiger Butter bestreichen und auf ein leicht gefettetes Backblech legen. Im vorgeheizten Backrohr bei 200 °C anbacken und bis auf 170 °C abfallend etwa 15 Minuten backen. Mit Staubzucker bestreuen.

Tipp: Noch feiner schmecken die Mohnkipferln, wenn sie nach dem Backen mit Marillenmarmelade bestrichen und mit etwas leicht erwärmtem Fondant glasiert werden.

Marillenplunder

Zutaten für ca. 30 Stück

Plunderteig nach Grundrezept (s. S. 18)
ca. 23 Marillen, geviertelt
Butter zum Bestreichen
Mehl für die Arbeitsfläche
Marillenmarmelade zum Bestreichen
100 g Fondant (s. S. 42)
Mandelsplitter

Für die Vanillecreme

400 ml Milch
120 g Kristallzucker
1 Eidotter
10 g Vanillezucker
50 g Vanillepuddingpulver
2 Eiklar
30 g Kristallzucker

Backzeit
ca. 15 Minuten
Backtemperatur
von 200 °C auf 170 °C fallend

Zubereitung

Den Plunderteig laut Grundrezept zubereiten. Auf einer bemehlten Arbeitsfläche dünn ausrollen und in 12 × 10 cm große Rechtecke schneiden. Für die Vanillecreme ⅓ der Milch mit Kristallzucker aufkochen lassen. Restliche Milch mit Eidotter, Vanillezucker und Vanillepuddingpulver verrühren und in die kochende Milch einrühren. Einmal kurz aufkochen lassen, vom Herd nehmen und überkühlen lassen. Die überkühlte Vanillecreme durch ein Sieb passieren. Eiklar aufschlagen und mit Kristallzucker zu Schnee ausschlagen und unter die Vanillecreme heben.

Die Vanillecreme mit einem Dressiersack in einem Strang auf eine Längsseite der Rechtecke auftragen, dann die andere Hälfte darüber schlagen und leicht zusammendrücken.
Die nun entstandenen Rechtecke an der oberen Kante auf ca. 8 cm Länge einschneiden und etwas auseinander ziehen bzw. drücken. Nun in jedes Täschchen 3 Marillenviertel einlegen und die Ränder leicht umschlagen. Auf ein leicht befettetes Backblech setzen, mit flüssiger Butter bestreichen und im vorgeheizten Backrohr bei 200 °C anbacken. Bis auf 170 °C abfallend etwa 15 Minuten fertig backen. Nach dem Backen jedes

Täschchen aprikotieren (mit Marillenmarmelade bestreichen) und mit leicht erwärmtem Fondant glasieren. Abschließend die gerösteten Mandelsplitter darauf streuen.

Polsterzipf

Zutaten für ca. 30 Stück
Plunderteig nach Grundrezept (s. S. 18)
600 g Ribiselmarmelade, nicht passiert
Mehl für die Arbeitsfläche
1 Ei zum Bestreichen
Butter für das Backblech
Staubzucker zum Bestreuen

Backzeit
ca. 15 Minuten
Backtemperatur
von 200 °C auf 170 °C fallend

Zubereitung
Den Plunderteig nach Anleitung zubereiten, auf einer bemehlten Arbeitsfläche dünn ausrollen und in 11 × 11 cm große Quadrate schneiden. Die Ribiselmarmelade jeweils in der Mitte der Quadrate auftragen. Teigränder diagonal zusammenschlagen und gut verschließen. Polsterzipfe mit verschlagenem Ei bestreichen und auf einem leicht befetteten Backblech im vorgeheizten Backrohr bei 200 °C anbacken. Bis auf 170 °C abfallend etwa 15 Minuten fertig backen. Mit Staubzucker bestreuen.

Tipp: Das Füllen von Polsterzipfen mit Marmelade ist eine typisch wienerische Tradition. In Oberösterreich werden sie ohne Fülle, aber dafür mit Vanillesauce oft als süßes Hauptgericht gereicht.

Nusskipferln

Zutaten für ca. 30 Stück

Plunder- oder Briocheteig nach Grundrezept (s. S. 18 und 15)
Mehl für die Arbeitsfläche
Butter zum Bestreichen
1 Ei zum Bestreichen
Hagelzucker zum Bestreuen

Für die Fülle

150 ml Milch
15 g Honig
50 g Kristallzucker
10 g Vanillezucker
Prise Zimt
Schale von 1 Zitrone
2 cl Rum
200 g Walnüsse, gerieben
100 g Semmel- oder Biskuitbrösel
100 g Nougat

Backzeit
ca. 15 Minuten

Backtemperatur
von 200 °C auf 170 °C fallend

Zubereitung

Plunder- oder Briocheteig nach Anleitung zubereiten.

Für die Fülle Nüsse mit den Bröseln vermischen. Milch mit Honig, Kristallzucker, Vanillezucker, Rum, geriebener Zitronenschale und Zimt aufkochen lassen, vom Herd nehmen und die Bröselmischung einrühren. Nougat schmelzen lassen, in die Nussmasse einmengen und kühl stellen. Teig auf einer bemehlten Arbeitsfläche ausrollen und in hohe Dreiecke schneiden. Nussfülle aufstreichen, Teig einrollen und zu Kipferln formen. Mit flüssiger Butter bestreichen und auf ein leicht gefettetes Backblech legen. Im vorgeheizten Backrohr bei 200 °C anbacken und bis auf 170 °C abfallend etwa 15 Minuten backen. Nach der halben Backzeit die Kipferln mit verschlagenem Ei bestreichen und mit Hagelzucker bestreuen. Fertig backen.

Tipp: Steht kein Hagelzucker zur Verfügung, so können die Nusskipferln auch mit Marillenmarmelade bestrichen und mit leicht erwärmtem Fondant glasiert werden.

Kletzenbrot

Zutaten für 3 Laibe

1 kg Brotteig
Mehl zum Bestauben
1 Ei zum Bestreichen

Für die Früchtemischung

500 g Kletzen (getrocknete Birnen)
400 g Feigen, getrocknet
300 g Dörrzwetschken
200 g Rosinen
150 g Datteln ohne Kern
200 g Marillen, getrocknet
150 g Haselnüsse
50 g Aranzini
20 g Zitronat
8 cl Rum
8 cl Sliwowitz
10 g Anis
10 g Zimt
5 g Nelkenpulver

Backzeit
70 Minuten
Backtemperatur
160 °C

Zubereitung

Kletzen einweichen, weich kochen und würfelig schneiden. Die anderen Früchte ebenfalls würfelig schneiden bzw. hacken und mit den Kletzen mit Rum und Sliwowitz am besten über Nacht ziehen lassen. Mit Gewürzen und Brotteig mischen. Aus dem Teig 3 Laibe formen und außen gut mit Mehl stauben. Auf ein mit Backpapier belegtes Backblech setzen. Mit verschlagenem Ei bestreichen und „garen“ lassen (ca. 1 Stunde zugedeckt aufgehen lassen). Im vorgeheizten Backrohr bei 160 °C ca. 70 Minuten backen. Damit die Kruste auch wirklich gelingt, sowohl nach 15 Minuten Backzeit als auch nach dem Backen mit Wasser bestreichen.

Tipp: Den für dieses Gericht unbedingt nötigen Brotteig besorgt man sich am besten bei einem freundlichen Bäcker.

Faschingskrapfen

Zutaten für 20 Stück

6 Eidotter
100 g Butter
42 g Germ (1 Pkg.)
50 g Zucker
250 ml Milch, lauwarm
500 g Mehl
Prise Salz
Mehl für die Arbeitsfläche
Marillenmarmelade zum Bestreichen
Fett zum Bestreichen
Pflanzenfett zum Ausbacken
Staubzucker zum Bestreuen

Zubereitung

Die Dotter schaumig rühren. Nach und nach die zerlassene, aber nicht heiße Butter unterrühren. Germ mit etwas Zucker und 3 EL lauwarmer Milch auflösen, etwa ⅓ des Mehls untermischen und in die Dottermasse gut einrühren. Mit einem Tuch abdecken und das Dampfl (Vorteig) an einem warmen Ort 30 Minuten aufgehen lassen. Dann die restlichen Zutaten hinzufügen und so lange kräftig schlagen, bis sich der Teig vom Rand löst. Erneut abdecken und an einem warmen Ort gehen lassen, bis sich das Volumen verdoppelt hat. Teig abermals durchkneten, auf einer bemehlten Arbeitsfläche ca. 5 mm dick ausrollen und in 5 cm breite Streifen

Backzeit
70 Minuten
Backtemperatur
160 °C

schneiden. Jeweils einen Streifen mit Marmelade bestreichen, mit einem anderen Streifen abdecken und die Ränder leicht andrücken. Mit einem bemehlten, kreisförmigen Ausstecher Krapfen ausstechen, diese umdrehen und auf ein bemehltes Brett legen. Mit lauwarmem Fettbestreichen, mit einem Tuch abdecken und nochmals 30 Minuten gehen lassen. In einer tiefen Pfanne ausreichend viel Pflanzenfettauf ca. 180 °C erhitzen. Die Krapfen einzeln hineinlegen und schwimmend ausbacken. Zwischendurch einmal wenden. Mit einem Schaumlöffel herausheben und auf Küchenpapier gutabtropfen lassen. Mit Staubzucker bestreuen.

Hübsch wie ein Krapferl

Krapfenspezialitäten waren in Wien schon in der maria-theresianischen Epoche der „dernier cri“ für betuchte Bürger und Aristokraten. Im Wirtshaus „Zur Goldenen Anten“ in der Schulerstraße kostete ein Wiener Faschingskrapfen, der mit „echtem Rohrzucker“ gesüßt war, damals fünf Kreuzer. Ein Wiener Zimmermann verdiente zu dieser Zeit 24 Kreuzer am Tag. Die Brennpunkte des süßen Wien waren damals vor allem die „Kunigund“ in der Bräunerstraße und das „Krapfenmädel“ am Kohlmarkt, das angeblich „so hübsch wie ein Krapferl“ war. Der Ruf der Krapfenbäckerinnen war in Zeiten der maria-theresianischen Keuschheitskommission allerdings nicht der beste, da manche der „süßen Löchln“ oder „Mandolettis“, wie man die Backstuben damals auch nannte, Hinterzimmer für galante Abenteuer vermieteten. Der Legende nach soll die Erfindung des Faschingskrapfens in seiner heutigen Form auf die Wiener Mandolettibäckerin Cäcilie Krapf, genannt Frau Cilly zurückgehen. Ein Schmalzgebäck namens „crapho“ ist allerdings schon seit karolingischen Zeiten bekannt.

Weihnachtsstollen

Zutaten

350 g Mehl
25 g Germ
100 ml Milch
150 g Butterschmalz
1 Eidotter
50 g Staubzucker
Prise Salz
10 g Vanillezucker
1 cl Rum
Prise Kardamom
140 g Aranzini
40 g Walnüsse, grob gehackt
120 g Rosinen
100 g Butter, flüssig, zum Bestreichen
100 g Staubzucker zum Wälzen

Für die Marzipanfülle

55 g Marzipan
30 g Aranzini, faschiert
1 Eidotter

Backzeit
50 Minuten
Backtemperatur
150 °C

Zubereitung

Lauwarme Milch mit Germ verrühren und die Hälfte des Mehls zugeben. Das Dampfl (Vorteig) zugedeckt an einem warmen Ort gehen lassen. Butterschmalz schaumig rühren. Eidotter, Salz, Zucker, Vanillezucker, Kardamom und Rum ebenfalls schaumig rühren. Das Dampfl, Butterschmalz, die Eigelbmasse und das restliche Mehl gemeinsam gut abarbeiten und 15 Minuten aufgehen lassen. Aranzini, Rosinen sowie Nüsse kurz einarbeiten. Den Teig rechteckig so ausrollen, dass längsseitig die Kanten dicker bleiben. **Für die Marzipanfülle** Marzipan mit Aranzini und Eidotter verkneten und zu einem Strang rollen, der genauso lang wie die Längsseite des Teiges ist. Der Länge nach in die Mitte des Teigs legen und die Seitenteile zur Stollenform übereinander klappen. Kurz aufgehen lassen, danach im vorgeheizten Backrohr bei 150 °C 50 Minuten backen. Aus dem Backrohr nehmen und noch heiß mit flüssiger Butter bepinseln und in Staubzucker wenden. Erkalten lassen, nochmals Staubzucker darüber sieben, in Folie einschlagen und kühl aufbewahren.

Profiteroles mit Vanillecreme

Zutaten für ca. 30–35 Stück
Brandteig laut
Grundrezept (s. S. 16)
Staubzucker zum Bestreuen

Für die Vanillecreme
1 kg Konditorcreme (s. S. 129)
2 cl Cointreau
8 Blatt Gelatine
300 ml Schlagobers,
geschlagen

Backzeit
ca. 20 Minuten
Backtemperatur
von 220 °C auf
180 °C fallend

Zubereitung

Brandteig laut Grundrezept zubereiten. In einen Dressiersack mit Sterntülle (sternförmige Öffnung) füllen und auf ein Backblech Profiteroles (Krapferl) dressieren (aufspritzen). Im vorgeheizten Backrohr von 220 °C auf 180 °C abfallend ca. 20 Minuten backen.

Für die Vanillecreme die Konditorcreme erwärmen. Gelatine einweichen, ausdrücken und in der Konditorcreme auflösen. Mit Cointreau aromatisieren. Kalt schlagen. Das geschlagene Obers unterheben und die Creme 30 Minuten im Kühlschrank stocken lassen. Die Profiteroles horizontal durchschneiden, so dass zwei gleich starke Hälften entstehen. Vanillecreme mit einem Dressiersack mit Sterntülle auf die Unterteile dressieren und die Deckel wieder aufsetzen. Vor dem Servieren mit Staubzucker bestreuen.

Tipp: Ganz besonders verführerisch sehen diese Profiteroles aus, wenn sie wesentlich kleiner geformt werden und somit eine der Hauptattraktionen eines abschließenden Petits-Fours-Tellers bilden.

Maroni-Weichsel-Törtchen

Zutaten für 20 Stück (Ø 6 cm)
Kakaobiskuitmasse nach Grundrezept (s. S. 26),
½ Menge Weichsel- oder Kirschenmarmelade

Für die Weichselfülle
300 g Weichseln, entkernt
100 ml Weichselsaft
30 g Zucker
20 g Maisstärke (Maizena)

Für die Schokolademousse
420 g Vollmilchkuvertüre
6 Eidotter
120 ml Läuterzucker (s. S. 38)
120 ml Schlagobers, flüssig
6 Blatt Gelatine

Zubereitung

Kakaobiskuitmasse laut Grundrezept backen. Nach dem Backen auf ein gezuckertes Blech stürzen und Backpapier abziehen. Biskuit erkalten lassen. Danach mit einem runden Ausstecher 20 kleine Biskuitböden mit 5,5 cm Durchmesser ausstechen. Biskuitböden in passende, kleine Ringformen legen und mit Marmelade bestreichen.

Für die Weichselfülle ¾ des Weichselsaftes mit Zucker aufkochen. Restlichen Saft mit Maisstärke verrühren und in die kochende Masse einrühren. Weichseln zugeben, kurz durchrühren und vom Herd nehmen.

Für die Schokolademousse Kuvertüre schmelzen, mit Dottern, Läuterzucker

600 ml Schlagobers, geschlagen
6 cl Rum

Zum Garnieren
500 ml Schlagobers, geschlagen und gesüßt
200 g Maronipüree
20 Weichseln, entkernt

und flüssigem Obers verrühren. Gelatine einweichen und in leicht erwärmtem Rum auflösen. Unter die Schokolademasse rühren. Geschlagenes Obers unterheben. Schokolademousse in die Formen füllen und Weichseln (mit wenig Flüssigkeit) jeweils in die Mitte geben. Für 2 Stunden kühl stellen. Gekühlte Törtchen mit einem in heißes Wasser getauchten Messer aus dem Ring schneiden. Törtchen mit geschlagenem, gesüßtem Obers rundherum einstreichen, obenauf einen Kreis dressieren (aufspritzen). Maronipüree durch eine Erdäpfelpresse oder ein Reibeisen drücken und in die Mitte von jedem Törtchen platzieren. Abschließend jedes Törtchen mit einer Weichsel garnieren.

➢ Erdbeermark

Zutaten
1 kg Erdbeeren, entstielt
250–350 g Läuterzucker (s. S. 38), je nach Zuckergehalt der Beeren
4 cl Grand Marnier
4 cl Erdbeerlikör

Zubereitung
Die Erdbeeren waschen, putzen und gemeinsam mit dem Läuterzuckermit einem Stabmixer pürieren. Durch ein feines Sieb seihen und mit Grand Marnier sowie Erdbeerlikör abschmecken.

Tipp: Außerhalb der Erdbeersaison können selbstverständlich auch gefrorene Früchte verwendet werden. Einfach auftauen lassen und dann wie oben beschrieben zubereiten.

Erdbeer-Joghurt-Törtchen

Zutaten für 20 Stück (Ø 6 cm)
Biskuitmasse für Rouladen nach Grundrezept (s. S. 24)
50 g Erdbeermarmelade
5 cl Cointreau
Kristallzucker zum Stürzen

Für die Joghurtmousse
400 ml Joghurt
3 cl Cointreau
50 g Staubzucker
4 Blatt Gelatine
350 ml Schlagobers, geschlagen

Zubereitung
Biskuitmasse laut Grundrezept backen. Nach dem Backen auf ein gezuckertes Blech stürzen und Backpapier abziehen. Biskuit erkalten lassen. Danach mit einem runden Ausstecher 20 kleine Biskuitböden mit 5,5 cm Durchmesser ausstechen. Erdbeermarmelade und Cointreau verrühren, leicht erwärmen und die Böden damit tränken. Biskuitböden in passende, kleine Ringformen legen.
Für die Joghurtmousse Joghurt und Staubzucker verrühren. Gelatine einweichen, Cointreau erwärmen und ausgedrückte Gelatine darin auflösen. Cointreau in die Joghurtmasse einrühren. Geschlagenes Obers

Für die Erdbeermousse
300 g Erdbeermark (s. S. 65)
5 Blatt Gelatine
1 cl Zitronensaft
3 cl Erdbeerlikör
75 g Staubzucker
250 ml Schlagobers, geschlagen

Für das Erdbeergelee
200 g Erdbeermark (s. S. 65)
2 Blatt Gelatine

Zum Garnieren
Schlagobers, gesüßt
10 Erdbeeren mit Grün, halbiert

unterheben, Joghurtmousse in die Formen füllen und für ca. 15 Minuten kühl stellen.

Für die Erdbeermousse 2 EL vom Erdbeermark wegnehmen und über Dampf erwärmen. Gelatine einweichen, ausdrücken und im erwärmten Erdbeermark auflösen. Unter das restliche Erdbeermark rühren. Mit Erdbeerlikör und Zitronensaft aromatisieren. Geschlagenes Obers mit Staubzucker süßen und unter die Erdbeermasse heben. Erdbeermousse auf die bereits gestockte Joghurtcreme füllen und wiederum für 20 Minuten kühl stellen.

Für das Erdbeergelee 2 EL vom Erdbeermark wegnehmen und über Dampf erwärmen. Gelatine einweichen, ausdrücken und im erwärmten Erdbeermark auflösen. Unter das restliche Erdbeermark rühren. Leicht überkühlen lassen und dann die Törtchen oben damit überziehen. Für 2 Stunden kühl stellen. Törtchen mit einem in heißes Wasser getauchten Messer aus dem Ring schneiden. Mit einer Rosette aus geschlagenem, gesüßtem Schlagobers und je einer halben Erdbeere garnieren.

Schaumrollen

Zutaten

500 g Blätterteig nach Grundrezept (s. S. 17) oder Fertigteig
4 Eiklar
280 g Staubzucker
Mehl für die Arbeitsfläche
Staubzucker zum Bestreuen

Backzeit
10–12 Minuten
Backtemperatur
160 °C

Zubereitung

Blätterteig nach Anleitung zubereiten und auf einer bemehlten Arbeitsfläche ca. 3 mm dick ausrollen. Mit einem Teigrad etwa 1,5 cm breite Streifen „radeln" und diese um die Schaumrollenformen wickeln. Im vorgeheizten Backrohr bei ca. 160 °C 10–12 Minuten backen. Auskühlen lassen.

Für den Schaum Eiklar mit Staubzucker über Dampf etwa 5 Minuten schlagen. Die Masse muss ganz fest sein und darf nicht rinnen. Schaum in einen Dressiersack füllen und in die Rollen spritzen. Schaumrollen mit Staubzucker bestreuen.

Tipp: Scheuen Sie die relativ geringe Ausgabe für die hier benötigten Schaumrollenformen nicht. Diese sind im guten Küchenfachhandel erhältlich und sichern Ihnen dafür den Erfolg eines Profi-Konditors.

Besoffener Kapuziner

Zutaten für 12 Stück

4 Eier
180 g Kristallzucker
10 g Vanillezucker
Schale von 1 Zitrone
Prise Zimt
160 g Mehl
60 g Haselnüsse, gerieben
300 ml Schlagobers
30 g Staubzucker
Butter und Mehl für die Förmchen

Zum Tränken

100 g Kristallzucker
2 cl Orangensaft
4 cl Wasser
2 cl Rum
2 cl Weißwein

Backzeit
ca. 25 Minuten
Backtemperatur
180 °C

Zubereitung

Eier mit Kristallzucker, Vanillezucker, geriebener Zitronenschale und Zimt aufschlagen. Haselnüsse mit Mehl vermengen und einmelieren (vorsichtig einmengen). Portionsformen ausbuttern und mit Mehl bestauben. Masse in die Förmchen füllen und bei 180 °C ca. 25 Minuten backen.

Für die Tränkflüssigkeit Orangensaft, Kristallzucker und Wasser aufkochen lassen. Erkalten lassen und mit Rum sowie Weißwein vermengen. Die ausgekühlten Kapuziner mit der Flüssigkeit so lange tränken, bis sie die gesamte Flüssigkeit aufgenommen haben. Schlagobers mit Staubzucker steif schlagen und die Kapuziner damit garnieren.

Von Bauern, Liesln und Kapuzinern

Ein aus Mehl, Zucker, Schokolade, geriebenen und gerösteten Haselnüssen sowie Dottern und geschlagenem Eiklar gebackenes Koch, das mit heißem Gewürzwein getränkt und mit Schlagobers serviert wird, hat in Österreich viele Namen. In Wien ist es vor allem als „Besoffener Kapuziner" bekannt. Wahrscheinlich ist dafür der einstmals schlechte Ruf der Kapuzinermönche verantwortlich, denen man nachsagte, es nicht nur mit dem Zölibat nicht besonders genau zu nehmen, sondern auch gerne einen über den Durst zu trinken. In manchen süddeutschen Kochbüchern findet sich auch der Ausdruck „Besoffene Liesl". Und wenn das Gericht – etwas derber – aus schmalzgebackenen Semmeln und Rosinen zubereitet und danach mit gezuckertem Wein übergossen wird, so heißt es vielsagend „Besoffener Bauer".

Punschkrapferln

Zutaten für 20 Stück
Biskuitmasse für Schnitten nach Grundrezept (s. S. 24), doppelte Menge
Zucker zum Stürzen
Marillenmarmelade zum Bestreichen

Für die Punschfülle
125 ml Rum
40 ml Läuterzucker (s. S. 38)
50 g Kochschokolade
Schale von je 1 Orange und 1 Zitrone, gerieben
Prise Zimt
200 g Marillenmarmelade

Zum Glasieren
Marillenmarmelade
ca. 250 g Fondant, mit Lebensmittelfarbe rosa gefärbt (s. S. 42)
ca. 100 g Zartbitterkuvertüre

Backzeit
10–12 Minuten
Backtemperatur
160 °C

Zubereitung
Biskuitmasse laut Grundrezept zubereiten und daraus zwei Böden backen. Aus dem Backrohr nehmen, auf ein gezuckertes Backblech stürzen, Backpapier abziehen und überkühlen lassen. Aus dem Teig zwei 20 × 25 cm große Rechtecke schneiden. Restlichen Biskuitteig **für die Punschfülle** zerkleinern und in einer Rührschüssel mit Marillenmarmelade, Rum sowie Läuterzucker vermischen. Geriebene Schokolade, Orangen- und Zitronenschale sowie Zimt zugeben. Die Masse durchkneten, bis sie gut zusammenhält. Einen Biskuitboden mit Marillenmarmelade bestreichen. In eine Rahmen- oder tiefe Kuchenform legen und die Punschfülle aufstreichen. Mit zweitem Biskuitblatt abdecken und für einige Stunden mit einem Küchenbrett o. Ä. beschweren. Aus der Form nehmen, umdrehen und in 20 Würfel (5 × 5 cm) schneiden. Würfel seitlich und obenauf mit leicht erwärmter Marillenmarmelade bestreichen und abkühlen lassen. Danach mit leicht erwärmtem Fondant glasieren. Kuvertüre im Wasserbad schmelzen, in einen Spritzbeutel füllen und die Punschkrapferln damit obenauf dekorativ verzieren.

Kuchen, Rouladen, Schnitten, Strudel und Torten

Tiramisu ▹ S. 96

Apfel-Mohn-Kuchen

Zutaten für 1 Kuchenblech

250 g Butter
250 g Staubzucker
6 Eidotter
Salz
Zitronenschale, gerieben
6 Eiklar
100 g Kristallzucker
220 g Nüsse, gerieben
220 g Mohn, gemahlen
60 g Mehl
4 Äpfel, entkernt, grob gerissen
4 Äpfel, entkernt, in Spalten geschnitten
4 cl Rum
Staubzucker mit Vanillezucker vermengt, zum Bestreuen

Backzeit
ca. 60 Minuten
Backtemperatur
170 °C

Zubereitung

Butter mit Staubzucker so lange rühren, bis die Masse weiß und schaumig ist. Eidotter, Salz und Zitronenschale einrühren. Grob gerissene Äpfel sowie Rum zugeben und Eiklar mit Kristallzucker zu Schnee schlagen. Nüsse, Mohn und Mehl miteinander vermengen und abwechselnd mit dem Schnee unter die Eiermasse heben. Die Apfelspalten unter die Mohnmasse heben. Ein Backblech mit Backpapier belegen, Mohnmasse darauf verstreichen und im vorgeheizten Backrohr bei 170 °C etwa 60 Minuten backen. Kuchen herausnehmen, abkühlen lassen und Backpapier abziehen. Portionieren und mit Vanillestaubzucker bestreut servieren.

Marillenkuchen

Zutaten für 1 Kuchenblech

Biskuitmasse, warm, laut Grundrezept (s. S. 26), ½ Menge
Butter für das Backblech
ca. 1 kg Marillen, entkernt, halbiert
150 g Marillenmarmelade
5 cl Rum
200 g Mandeln, geschält, gehobelt

Backzeit
50 Minuten
Backtemperatur
170 °C

Zubereitung

Die Biskuitmasse nach Anleitung vorbereiten und das Backblech gut mit flüssiger Butter einstreichen. Eine Rahmenform (30 × 45 cm) oder eine tiefe Kuchenform darauf stellen und die Masse auftragen. Die halbierten Marillen darauf verteilen und den Kuchen im vorgeheizten Backrohr bei 170 °C etwa 50 Minuten backen. Marillenmarmelade mit Rum leicht erwärmen und mit einem Pinsel dünn auf den Kuchen streichen. Die gehobelten Mandeln in einer Pfanne goldbraun rösten und über den Kuchen streuen, auskühlen lassen und portionieren.

➢ Eingelegte Zibeben

Zutaten

1 kg Zibeben (ersatzweise Rosinen)
450 g Kristallzucker
80 g Vanillezucker
1 l Weißwein
2 Zimtstangen
Schale von ½ Zitrone, gerieben
Schale von ½ Orange, gerieben
6 cl Portwein
6 cl Rum

Zubereitung

Alle Zutaten – außer Rum – miteinander vermischen und 24 Stunden im Kühlschrank ziehen lassen. Danach Zibeben einmal aufkochen lassen und in heiß ausgespülte Einmachgläser füllen. Rum erhitzen, anzünden und die Zibeben zum Abdecken damit begießen. Gläser gut verschließen.

Gebackener Apfelkuchen

Zutaten für 1 Kuchenblech

Mürbteig laut Grundrezept (s. S. 20), ½ Menge
250 g Butter
80 g Staubzucker
20 g Vanillezucker
Schale von 1 Zitrone, gerieben
Prise Salz
1,25 kg Topfen
6 Eidotter
8 Eiklar
210 g Kristallzucker
130 g Mehl
100 g Zibeben, eingelegt (s. S. 73)
1,5 kg Äpfel (Golden Delicious)
Saft von 1 Zitrone
Apfel-Holunderblüten-Marmelade zum Glasieren
Mandelstifte, goldbraun geröstet

Backzeit

ca. 8 Minuten für den Mürbteig, dann 35 Minuten

Backtemperatur

180 °C für den Mürbteig, dann 160 °C

Zubereitung

Nach dem Grundrezept einen **Mürbteig** kneten und etwa ½ Stunde kühl stellen. Teig etwa 2,5 mm dick ausrollen, auf ein Backblech legen und mit einer Gabel „stupfen“ (mehrmals zart einstechen). Im vorgeheizten Backrohr etwa 8 Minuten bei 180 °C hellbraun backen. Herausnehmen und auskühlen lassen. Äpfel schälen, entkernen, in grobe Würfel schneiden und sofort in Zitronenwasser einlegen, um ein Verfärben zu verhindern. Für die Topfenmasse Butter, Staubzucker, Vanillezucker, Salz und geriebene Zitronenschale schaumig rühren. Topfen und Eidotter einrühren. Eiklar leicht zu schlagen beginnen und mit Kristallzucker zu Schnee ausschlagen. Schnee, Mehl und eingelegte Zibeben vorsichtig unterheben. Abgetropfte Äpfel ebenfalls unter die Topfenmasse heben. Rund um den Mürbteig eine Rahmenform (30 × 45 cm) stellen und die Apfel-Topfen-Masse einfüllen. Im vorgeheizten Backrohr bei 160 °C ca. 35 Minuten backen. Aus dem Backrohr nehmen, mit der Apfel-Holunderblüten-Marmelade bestreichen und die Mandelstifte darüber streuen. Die Rahmenform abnehmen und portionieren.

Tipp: Steht keine Rahmenform zur Verfügung, kann der Kuchen selbstverständlich auch in einer tiefen Kasten- oder Kuchenform gebacken werden.

Nusskuchen

Zutaten für 1 kleinere Kuchenform (oder 1 Torte Ø 24 cm)

250 g Mürbteig nach Grundrezept (s. S. 20)
250 g Walnüsse, gerieben
125 g Staubzucker
5 g Vanillezucker
Mark von ½ Vanilleschote
3 Eier
200 ml Schlagobers
250 ml Milch
250 ml Nusslikör
Butter für die Form

Backzeit
ca. 25 Minuten
Backtemperatur
190 °C

Zubereitung

Mürbteig wie im Grundrezept beschrieben zubereiten, kühl stellen und dann so dünn wie möglich ausrollen. Mit Butter ausgestrichene Form mit Mürbteig auslegen, für den Rand einen 2 cm breiten Streifen schneiden und hineinlegen. Teig mit einer Gabel „stupfen" (mehrmals zart anstechen). Für die Fülle geriebene Walnüsse mit Staub- und Vanillezucker sowie dem ausgekratzten Vanillemark mischen. Eier, Obers, Milch und Nusslikör unter die Nüsse rühren. Masse auf den Kuchenboden gießen, gleichmäßig verteilen und im vorgeheizten Backrohr bei 190 °C etwa 25 Minuten backen. Auskühlen lassen, am besten über Nacht kühl stellen und dann erst servieren.

Streuselkuchen

Zutaten
für 1 Kuchenblech
Auslegeteig nach Grundrezept (s. S. 21), ½ Menge Butterstreusel nach Grundrezept (s. S. 23), doppelte Menge
800 g Himbeeren, geputzt (ersatzweise Ribiseln, Erdbeeren oder Blaubeeren)

Für die Royale (Eierstich)
18 Eidotter
120 g Staubzucker
40 g Vanillezucker
40 g Vanillepuddingpulver
Salz
600 ml Schlagobers
500 ml Milch

Zubereitung
Den Auslegeteig laut Grundrezept zubereiten und 1 Stunde kühl stellen. Danach dünn ausrollen, auf ein Backblech legen und eine Rahmenform um den Teig stellen (oder in eine tiefe Kuchenform geben). An den Rändern den Teig 2 cm in die Höhe ziehen und im vorgeheizten Backrohr bei 190 °C 10 Minuten vorbacken. **Für die Royale** die Eidotter mit Milch, Obers, Vanillepuddingpulver, Vanillezucker, Salz und Staubzucker verschlagen. Masse auf den vorgebackenen Kuchenboden gießen und im heißen Backrohr bei 170 °C weitere 20 Minuten fertig backen. Auskühlen lassen. Währenddessen laut Grundrezept Butterstreusel zubereiten.

Für das Gelee
180 g Himbeermarmelade
200 g Wasser
3 Blatt Gelatine

Backzeit
10 Minuten vorbacken, dann 20 Minuten; 5 Minuten für Butterstreusel

Backtemperatur
190 °C zum Vorbacken, dann 170 °C; 170 °C für Butterstreusel

Den ausgekühlten Kuchen mit Himbeeren belegen. Für das Gelee Himbeermarmelade mit Wasser über Dampf erwärmen. Gelatine in kaltem Wasser einweichen, ausdrücken und im Gelee auflösen. Danach die Himbeeren mit dem Gelee überziehen und Streusel darüber verteilen. Auskühlen lassen und portionieren.

Lavendelsaft

Zutaten für ca. 1 Liter
600 ml Wasser
320 g Kristallzucker
30 g Vanillezucker
15 g Zitronensäure
65 g Lavendelblüten und -blätter

Zubereitung
Wasser mit Kristall- und Vanillezucker sowie Zitronensäure einmal kurz aufkochen lassen und vom Herd nehmen. Die gewaschenen Lavendelblüten und -blätter dazugeben und kalt werden lassen. Durch ein Sieb seihen, in heiß ausgespülte Einmachgläser füllen und diese gut verschließen.

So gelingt Lavendelsaft

- Achten Sie darauf, dass der Sud nicht kochen darf, da der Saft sonst bitter wird!
- Verwenden Sie – sofern es Ihnen möglich ist – den echten, wilden Lavendel, der ausschließlich in höheren Regionen gedeiht und im Gegensatz zum gezüchteten Garten-Lavendel durch sein ausgeprägtes Aroma besticht.

Beerenmandl

Zutaten für 1 Auflaufform (20 × 25 cm)

150 g Schwarzbrot, entrindet
150 g Beeren (Heidel- oder Brombeeren)
100 ml Milch
Msp. Zimt
Msp. Ingwer, gemahlen
40 g Butter
100 g Honig
2 Eidotter
Prise Vanillezucker
200 g Topfen
50 g Weizengrieß
1 EL Zitronensaft
2 Eiklar
1 EL Zucker
Butter für die Form

Backzeit
ca. 40 Minuten
Backtemperatur
180 °C

Zubereitung

Schwarzbrot in kleine Würfel schneiden, mit Milch anfeuchten und mit Zimt und Ingwer würzen. In eine gebutterte Auflaufform geben. Honig mit Butter schaumig rühren, Eidotter, Topfen, Zitronensaft, Grieß und Vanillezucker zugeben. Eiklar zu Schnee schlagen, mit Zucker ausschlagen und unter die Eidottermasse heben. Die Masse über die Brotwürfel verteilen und die Beeren darauf legen. Im vorgeheizten Backrohr bei 180 °C ca. 40 Minuten backen.

Garniturempfehlung: Vanillesauce (s. S. 185)

Kirschenmandl

Zutaten für 1 Auflaufform (20 × 25 cm)

150 g Schwarzbrot, entrindet
150 g Kirschen, entkernt
100 ml Milch
6 cl Lavendelsaft (s. S. 77)
Minze, in Streifen geschnitten
Msp. Kardamom, gemahlen
40 g Butter
100 g Honig
2 Eidotter
Prise Vanillezucker
200 g Topfen
50 g Weizengrieß
1 EL Zitronensaft
2 Eiklar
1 EL Zucker
Butter für die Form

Backzeit
ca. 40 Minuten
Backtemperatur
180 °C

Zubereitung
Schwarzbrot in kleine Würfel schneiden, mit Milch und Lavendelsaft anfeuchten und mit Minze und Kardamom würzen. In eine gebutterte Auflaufform geben. Honig und Butter schaumig rühren. Eidotter, Topfen, Zitronensaft, Grieß und Vanillezucker dazugeben. Eiklar zu Schnee schlagen, mit Zucker ausschlagen und unter die Eidottermasse heben. Die Masse über die Brotwürfel verteilen und die entkernten Kirschen darauf legen. Im vorgeheizten Backrohr etwa 40 Minuten bei 180 °C backen.

Garniturempfehlung: Vanillesauce (s. S. 185)

Topfen-Erdbeer-Kuchen

Zutaten
für 1 Kuchenblech

Biskuitmasse für Schnitten, laut Grundrezept (s. S. 24)
120 g Erdbeermarmelade
1,5 kg Erdbeeren
1 kg Topfen
250 ml Sauerrahm
180 g Staubzucker
40 g Vanillezucker
200 g Maisstärke
Schale von 1 Zitrone, gerieben
Schale von 1 Orange, gerieben
Prise Salz
12 Eidotter
12 Eiklar
300 g Kristallzucker

Backzeit
10 Minuten für das Biskuit, dann 35 Minuten
Backtemperatur
200 °C für das Biskuit, dann 160 °C

Zubereitung
Biskuitmasse nach Grundrezept zubereiten und einen Kuchen backen. Biskuit auf ein Blech setzen, mit Erdbeermarmelade dünn bestreichen und eine Rahmenform (30 × 45 cm) rund um das Biskuit stellen (oder in eine tiefe Kuchenform setzen). Erdbeeren waschen, putzen, etwa 15 schöne Erdbeeren mit grünem Stiel beiseite stellen, den Rest (ohne Grün) halbieren. Für die Topfenmasse Topfen mit Sauerrahm, Staubzucker, Vanillezucker, Maisstärke, Zitronen- und Orangenschale sowie einer Prise Salz schaumig rühren. Eidotter einrühren. Eiklar zu schlagen beginnen, mit Kristallzucker zu Schnee ausschlagen und vorsichtig unterheben. Erdbeeren auf dem Biskuit verteilen und die Topfenmasse darüber auftragen.
Im vorgeheizten Backrohr bei 160 °C ca. 35 Minuten backen. Aus dem Backrohr nehmen, auskühlen lassen und portionieren. Vor dem Servieren jedes Stück mit einer halbierten Erdbeere (samt Grün) dekorieren.

Zwetschkenkuchen

Zutaten

für 1 Kuchenblech

600 g Blätterteig nach Grundrezept (s. S. 17) oder Fertigprodukt ca. 1,5 kg Zwetschken, entkernt, geviertelt
200 g Powidl
5 cl Rum
150 g Marillenmarmelade und
2 cl Rum zum Glasieren
400 g Mandelstifte
Prise Zimtpulver

Für die Bayrische Creme

3 Eidotter
70 g Zucker
1 Vanilleschote
2 cl Zwetschkenbrand
2 Blatt Gelatine
300 ml Schlagobers, geschlagen

Backzeit
ca. 15 Minuten
Backtemperatur
200 °C

Zubereitung

Den Blätterteig laut Grundrezept zubereiten. Ausrollen, auf ein Backblech legen, mit einer Gabel „stupfen" (mehrmals zart anstechen) und bei 200 °C 15 Minuten resch backen. Herausnehmen und auskühlen lassen. Powidl mit Rum verrühren und auf den Blätterteig streichen.

Für die Bayrische Creme die Vanilleschote halbieren und das Mark mit einem Messer herauskratzen. Eidotter mit Zucker und Vanillemark in eine Schüssel geben und über Wasserdampf dickschaumig aufschlagen, danach auf Eiswasser kalt schlagen. Gelatine einweichen, ausdrücken und in leicht erwärmtem Zwetschkenbrand auflösen. Unter die Eiermasse rühren. Abschließend das nicht ganz steif geschlagene Obers langsam unterheben. Masse leicht überkühlen lassen und dann auf den Blätterteigboden streichen. Die geviertelten Zwetschken auflegen und den Kuchen kühl stellen. Marillenmarmelade mit etwas Rum leicht erwärmen und die Zwetschken damit glasieren (mit einem Pinsel bestreichen). Mandelstifte sowie Zimt darüber streuen und portionieren.

Orangenkuchen

Zutaten
für 1 Kuchenblech
360 g Rohmarzipan
4 EL Wasser
10 Eier
200 g Staubzucker
140 g Mehl
50 g Maisstärke (Maizena)
30 g Butter, flüssig
20 g Vanillezucker
Salz
Schale von 2 Orangen, gerieben
100 g Aranzini, gehackt
8 Orangen
etwas Mehl
8 cl Cointreau (Orangenlikör)
Orangenmarmelade
Butter für das Kuchenblech
Kakaopulver zum Bestreuen

Für die Creme
200 g Vollmilchkuvertüre
100 g Zartbitterkuvertüre
200 g Butter
70 g Cointreau

Backzeit
ca. 45 Minuten
Backtemperatur
160 °C

Zubereitung
Marzipan fein reiben, mit Wasser, Eiern und Staubzucker gut verrühren. Mehl, Maisstärke, Vanillezucker und eine Prise Salz vermischen und vorsichtig unter die Masse mischen. Flüssige Butter einrühren und gehackte Aranzini sowie abgeriebene Orangenschale einmengen. Die Masse in eine Rahmenform oder ein gebuttertes tiefes Kuchenblech füllen. Orangen filetieren, die Filets mit etwas Mehl einstauben und auf die Masse legen. Im vorgeheizten Backrohr bei 160 °C etwa 45 Minuten backen. Auskühlen lassen. Cointreau mit Orangenmarmelade verrühren und den Kuchen damit bestreichen.
Für die Creme beide Kuvertüren lauwarm schmelzen und mit der zimmerwarmen Butter vermischen, Cointreau zugeben und alles schaumig rühren. Den Kuchen mit der Creme bestreichen, ein dekoratives Muster ziehen und kühl stellen. Mit Kakaopulver bestreuen und portionieren.

Biskuitroulade

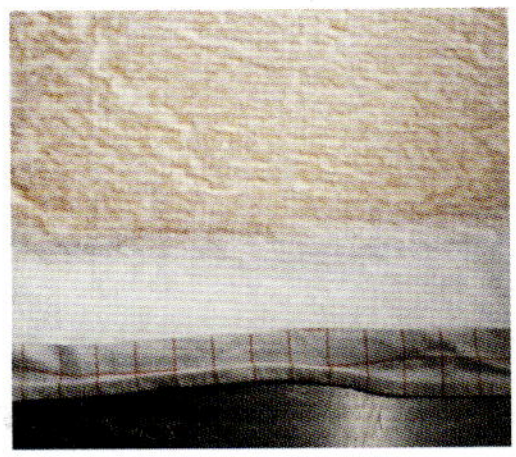

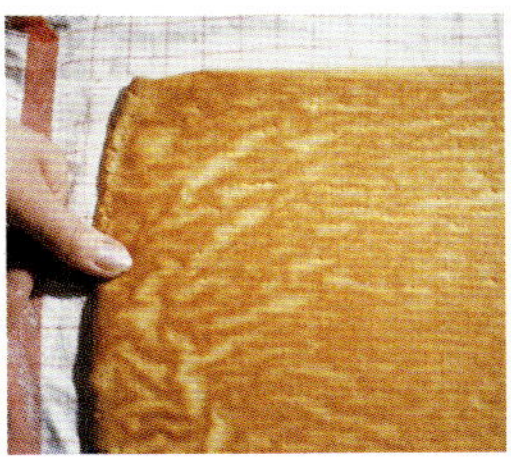
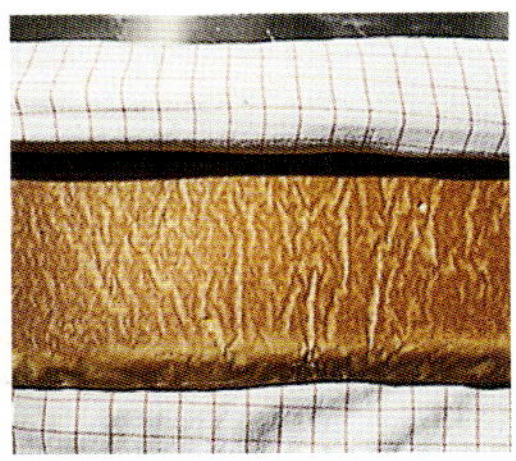

Zutaten
für ca. 15 Portionen
Biskuitmasse für Rouladen, laut Grundrezept (s. S. 24)
ca. 500 g Marillenmarmelade
Kristallzucker zum Stürzen
Staubzucker zum Bestreuen

Backzeit
15–20 Minuten
Backtemperatur
200 °C

Zubereitung
Die Biskuitmasse laut Grundrezept zubereiten. Backblech mit Backpapier auslegen, Masse aufstreichen und im vorgeheizten Backrohr bei 200 °C 15–20 Minuten backen. Herausnehmen, kurz ausdampfen lassen und auf ein leicht gezuckertes Tuch oder Backpapier stürzen. Backpapier vorsichtig abziehen. Roulade behutsam einrollen und auskühlen lassen. Roulade wieder aufrollen, mit der, nach Belieben leicht erwärmten, Marillenmarmelade bestreichen. Roulade wieder einrollen und mit Staubzucker bestreuen.

Zitronencremeroulade

aus Mörwalds süßer Küche

Zutaten
6 Eier
140 g Kristallzucker
150 g Mehl
50 g Maisstärke (Maizena)
70 g Butter, geschmolzen
Butter für das Backblech
Kristallzucker zum Stürzen
Staubzucker zum Bestreuen

Für die Zitronencreme
80 g Kristallzucker
60 ml Weißwein
3 Eidotter
Saft und Schale von
2 Zitronen
4 Blatt Gelatine
400 ml Schlagobers

Backzeit
ca. 15 Minuten
Backtemperatur
200 °C

Zubereitung
Eier und Zucker im warmen Wasserbad aufschlagen, zur Seite stellen und weiterschlagen, bis die Masse eine dickliche Konsistenz hat. Mehl, Stärke und zerlassene Butter unterheben. Ein Backblech mit Butter ausstreichen und mit Backpapier auslegen (das Papier bleibt so besser haften). Masse aufstreichen und im vorgeheizten Backrohr bei 200 °C ca. 15 Minuten backen.
Für die Zitronencreme Zucker, Weißwein, Eidotter, Zitronensaft und abgeriebene Zitronenschale unter ständigem Rühren zum Kochen bringen. Vom Herd nehmen und so lange rühren, bis eine dickliche Masse entsteht. Eingeweichte und gut ausgedrückte Gelatine dazugeben. Masse durch ein Sieb streichen, unter ständigem Rühren abkühlen lassen und geschlagenes Obers unterheben.
Fertig gebackenen Biskuitteig auf ein mit Kristallzucker bestreutes Backpapier stürzen. Zitronencreme auftragen, einrollen und kühl stellen. Mit Staubzucker bestreuen.

Erdbeer-Nuss-Roulade

Zutaten
für ca. 15 Portionen

Nussmasse nach Grundrezept (s. S. 28), ½ Menge
150 g Erdbeermark (s. S. 65)
70 g Kristallzucker
4 Blatt Gelatine
3 cl Cointreau
2 cl Orangensaft
250 ml Schlagobers, geschlagen
100 g Erdbeeren, entstielt, gewaschen
Kristallzucker zum Stürzen

Zubereitung

Nussmasse laut Grundrezept zubereiten. Backblech mit Backpapier auslegen, Masse aufstreichen und im vorgeheizten Backrohr bei 180 °C 12–15 Minuten backen. Herausnehmen und Roulade noch heiß auf ein mit Kristallzucker bestreutes Backpapier stürzen. Backpapier vorsichtig abziehen.

Für die Erdbeeroberscreme die Gelatine in kaltem Wasser einweichen, ausdrücken und in erwärmtem, mit Cointreau vermengtem Orangensaft auflösen. Erdbeermark und Kristallzucker einrühren. Geschlagenes Obers vorsichtig unterheben. Creme auf die Roulade streichen, geviertelte Erdbeeren darauf verteilen und die noch

Für die Garnitur
ca. 350 ml Schlagobers, geschlagen, gesüßt
Schokoladespäne
7–8 Erdbeeren mit Grün, halbiert

Backzeit
12–15 Minuten
Backtemperatur
180 °C

nicht eingerollte Roulade zum kurzen Abstocken kühl stellen. Sobald die Creme zu stocken beginnt, Roulade mit Hilfe des darunter liegenden Papiers einrollen, straff in das Papier wickeln und in Papier gewickelt 2–3 Stunden kühl stellen. Aus dem Papier wickeln, mit leicht gesüßtem, geschlagenem Obers bestreichen und Schokoladespäne darüber streuen. Roulade aufschneiden und jedes Stück mit einer Erdbeerhälfte garnieren.

Welches Mehl für welche Mehlspeis?
Man nehme – selbstverständlich Mehl. Das ist das Wesen jeder Mehlspeis. Schon weit weniger selbstverständlich ist es, welche Mehlsorte man auswählt. Dabei ist vor allem entscheidend, wie hoch der Ausmahlungsgrad und der Aschegehalt eines Mehles ist. Als Mehlasche bezeichnet man die unverbrennbaren Mineralstoffe des Getreidekorns, die vorwiegend in der Schale zu finden sind. Je nach Helligkeit und Mehlaschegehalt wird das Mehl nach jeder Siebung daher zu bestimmten Mehltypen zusammengemischt, was im Klartext Folgendes bedeutet: Je höher der Ausmahlungsgrad des Mehles ist – das heißt je intensiver und vollständiger das Getreide ausgemahlen wird –, desto mehr Rand-und Schalenteile sind darin enthalten.
Je höher die Mehltype, desto dunkler die Farbe und desto mineralstoffreicher das Mehl. Außerdem wird je nach Feinheit der Mahlung zwischen glatten und griffigen Mehlen, Dunst sowie Grieß unterschieden.
Für die süße Küche sind, wenn man von Vollwertbackwaren absieht, vor allem helle Mehle von niedriger Type geeignet, bei denen nur der innere Teil des Korns fein gemahlen wird. Wenn Sie die Rezepte in diesem Buch (so nicht ausdrücklich anders angegeben) mit glattem, schneeweißem Weizenauszugsmehl der Type W 450 oder W 480 zubereiten, so kann eigentlich nichts schief gehen. Eignen sich doch gerade diese beiden Mehlarten ganz besonders dafür, viel Flüssigkeit, Ei und Fett aufzunehmen, wodurch sie sich dann zu gleichmäßigen, leicht formbaren Teigen verarbeiten lassen. Auch die etwas nährstoffreichere Type W 700 ist als Backmehl geeignet, wenn die Masse nicht besonders fein werden muss. Gleichgültig welche Mehltype Sie verwenden, gilt gerade in der süßen Küche die Regel: Sieben Sie das Mehl unbedingt vor der Weiterverarbeitung. Nur so wird es aufgelockert und homogenisiert sich problemlos mit den übrigen Zutaten.

Ribiselschaumschnitten

Zutaten für 1 Kuchen- oder Rahmenform
Biskuitmasse für Schnitten nach Grundrezept (s. S. 24)
Ribiselmarmelade zum Bestreichen
ca. 1 kg Ribiseln, gerebelt
Schaummasse nach Grundrezept (s. S. 33)

Für die Eierlikörcreme
500 g Mascarino
250 ml Eierlikör
100 g Staubzucker
100 ml Orangensaft
6 Blatt Gelatine
375 ml Schlagobers, geschlagen

Backzeit
einige Minuten zum Bräunen
Backtemperatur
zum Bräunen maximale Oberhitze

Zubereitung
Die Biskuitmasse laut Anleitung zubereiten und backen. Ribiselmarmelade leicht erwärmen und den Biskuitboden damit bestreichen. Eine Rahmenform (30 × 45 cm) um den Biskuitboden stellen (oder Biskuit in eine tiefe Kuchenform legen).
Für die Creme Mascarino mit Staubzucker und Eierlikör glatt rühren. Gelatine in kaltem Wasser einweichen. Orangensaft erwärmen, die ausgedrückte Gelatine darin auflösen und unter die Eierlikörcreme rühren. Geschlagenes Obers vorsichtig unterheben. Eierlikörcreme mit den gewaschenen, gerebelten Ribiseln vermengen und in die Form füllen, glatt streichen und für ca. 2 Stunden kühl stellen. Die Schaummasse laut Grundrezept zubereiten und auf die Ribiselschnitten auftragen. Oben ein dekoratives Muster ziehen und mit einem im Fachhandel erhältlichen „Crème-Brûlée-Brenner" flämmen oder bei maximaler Oberhitze kurz bräunen. Kühl stellen. Aus der Form schneiden und portionieren.

Marillen-Topfen-Schnitten

Zutaten für 1 Kuchen- oder Rahmenform

Biskuitmasse für Schnitten nach Grundrezept (s. S. 24), doppelte Menge
Marillenmarmelade zum Bestreichen
900 g Topfen
500 g Mascarino oder Sauerrahm
120 g Staubzucker
4 cl Rum
Zitronenschale, gerieben
20 g Vanillezucker
Rosinen nach Belieben
300 ml Orangensaft
4 EL Marillenmarmelade
12 Blatt Gelatine
1 l Schlagobers, geschlagen
ca. 2 kg Marillen, eingelegt (s. S. 91 oder aus der Dose)
Staubzucker zum Bestreuen

Zubereitung

Biskuitmasse laut Grundrezept zubereiten und zwei Biskuitböden backen. Einen Biskuitboden mit leicht erwärmter Marillenmarmelade bestreichen. Um diesen Biskuitboden eine Rahmenform mit 6 cm Höhe stellen (oder Biskuit in eine tiefe Kuchenform legen). Topfen, Mascarino bzw. Sauerrahm, Staubzucker, Rum, Zitronenschale, Vanillezucker und Rosinen in einem Schneekessel verrühren. Orangensaft erwärmen. Gelatine in kaltem Wasser einweichen, gut ausdrücken, im Orangensaft auflösen und unter die Topfenmasse rühren. Marillenmarmelade ebenfalls einrühren. Abschließend das geschlagene Obers sowie die Marillen unter die Topfenmasse mengen und in die Rahmenform füllen. Den zweiten Biskuitboden darauf legen und ca. 4 Stunden kühl stellen. Mit einem in heißes Wasser getauchten Sägemesser portionieren und mit Staubzucker bestreuen.

Bananenschnitten

Zutaten für 1 Kasten- oder Rahmenform

Biskuitmasse für Schnitten nach Grundrezept (s. S. 24)
Marillenmarmelade zum Bestreichen
12 Bananen für die Einlage, geschält
Saft von 2–3 Zitronen
60 g Marillenmarmelade zum Wenden
300 g Ganacheglasur (s. S. 40)

Zubereitung

Biskuitboden laut Grundrezept zubereiten, leicht abkühlen lassen und mit erwärmter Marillenmarmelade bestreichen. Boden in eine passende Rahmenform (30 × 45 cm) legen. Die Hälfte der Milch mit Kristall- und Vanillezucker aufkochen. Restliche Milch mit Vanillepuddingpulver verrühren, in die kochende Milch einrühren, aufkochen lassen und vom Herd nehmen. Gelatine in kaltem Wasser einweichen, gut ausdrücken und in der noch heißen Vanillemasse auflösen. Bananen in Stücke schneiden und gemeinsam mit dem Zitronensaft und dem Bananenlikör mit einem Stabmixer in die Vanillecreme einmixen. Sollte die Masse noch etwas

Für die Bananencreme

1 l Milch
200 g Kristallzucker
30 g Vanillezucker
100 g Vanillepuddingpulver
6 cl Bananenlikör
18 Blatt Gelatine
5 Bananen, geschält
Saft von 1 Zitrone
1 l Schlagobers, geschlagen

heiß sein, vorher kurz kühl stellen. Geschlagenes Obers unter die abgekühlte Vanillecreme heben. Bananen in einer Schüssel mit Zitronensaft marinieren. Wieder herausnehmen und in der leicht erwärmten Marillenmarmelade wenden. Bananen auf den Biskuitboden legen, dazwischen mit Creme bestreichen und etwa 30 Minuten kühl stellen. Anschließend die nach dem Grundrezept zubereitete Glasur darauf verteilen und abermals für etwa 6 Stunden kalt stellen.

➣ Eingelegte Marillen

Zutaten

12 Marillen
250 ml Weißwein
125 g Kristallzucker
½ Vanilleschote
20 g Vanillezucker
Saft von 1 Zitrone
4 cl Marillenbrand
Rum zum Bedecken

Zubereitung

Die Marillen kreuzweise einschneiden, in kochendem Wasser kurzblanchieren, in Eiswasser abschrecken und die Haut abziehen. Marillen vierteln und entkernen. Weißwein mit Zucker, Vanillezucker, Vanilleschote und Zitronensaft aufkochen lassen. Marillen einlegen, vom Herd nehmen und ziehen lassen. Mit Marillenbrand abschmecken. In heiß ausgespülte Einmachgläser füllen. Rum erhitzen, anzünden und Marillen damit bedecken. Gläser gut verschließen.

Esterházyschnitten

Zutaten für ca. 20 Portionen (2 Bahnen mit 7 × 45 cm)

Esterházymasse nach Grundrezept (s. S. 30), ½ Menge
400 ml Milch
200 g Kristallzucker
4 Blatt Gelatine
8 Eidotter
20 g Vanillezucker
Prise Salz
220 g Butter
100 g Nougat
Staubzucker zum Stürzen

Zum Glasieren

70 g Marillenmarmelade
ca. 150 g Fondant (s. S. 42)
Zartbitterkuvertüre

Backzeit
8–10 Minuten
Backtemperatur
200 °C

Zubereitung

Esterházymasse laut Rezept zubereiten. Insgesamt 3 Backbleche mit Backpapier auslegen, Masse aufstreichen und im vorgeheizten Backrohr bei 200 °C etwa 8–10 Minuten backen. Noch heiß auf eine mit Staubzucker bestreute Arbeitsfläche stürzen und das Papier sofort abziehen. In 7 cm breite Streifen schneiden.
Für die Creme Milch, Kristallzucker, Vanillezucker, Salz und Eidotter in einem Schneekessel verrühren. Über Wasserdampf weiterrühren, bis ca. 70 °C erreicht sind und die Eidotter die Masse leicht gebunden haben. Eingeweichte Gelatine ausdrücken, in der Masse auflösen, vom Herd nehmen und mit einem Stabmixer 5 Minuten mixen. Danach kühl stellen. Butter schaumig rühren, erwärmtes Nougat zugeben und die ausgekühlte Creme einrühren. Teigblätter jeweils mit Creme bestreichen, aufeinander setzen und auch an der Seite mit Creme bestreichen (jede Bahn sollte etwa aus sieben Teigblättern bestehen). Auf das oberste Blatt Marillenmarmelade dünn auftragen und für 30 Minuten kühl stellen. Dann etwas Zartbitterkuvertüre schmelzen. Esterházyschnitten dünn mit Fondant überziehen. Aus einem Stück Pergament-

papier ein Stanitzel drehen und die Kuvertüre damit in dünnen Linien darüber spritzen. Sofort mit einem Spießchen das typische Esterházymuster ziehen. Schnitten kühl stellen, bis die Glasur getrocknet ist. Zum Portionieren am besten ein Sägemesser in heißes Wasser tauchen und Schnitten aufschneiden.

Tipp: Esterházyschnitten eignen sich nicht zur längeren Aufbewahrung und auch nicht zum Einfrieren. Sie sollten spätestens am Tag nach der Zubereitung gegessen werden.

Ein Mann für jede Mahlzeit

Die Esterházys haben nicht nur durch Tapferkeit und kulturellen Weitblick, sondern auch in der Kulinarhistorie Geschichte geschrieben. Zahlreiche Gerichte wie Esterházy-Gulasch, Esterházy-Rostbraten, Esterházy-Rindsschnitzel, Esterházytorte und Esterházyschnitte sind nach dem uralten ungarischen Magnatengeschlecht benannt. Die Wertschätzung der Köche und Patissiers galt jedoch vor allem einem Vertreter dieses Geschlechts: Es handelte sich um Eszterházy Miklos (Nikolaus) IV., Fürst von Galántha, Graf zu Forchtenstein (1765–1833), der als österreichischer Feldmarschall, Politiker sowie Begründer einer großen Gemälde- und Kupferstichsammlung wirkte und dadurch in die Geschichte einging, dass er die ihm von Napoleon angebotene Ungarnkrone ablehnte.

Kardinalschnitten

Zutaten
für ca. 15 Portionen

Für die Masse I
12 Eiklar
270 g Kristallzucker

Für die Masse II (Biskuitmasse)
3 Eier
5 Eidotter
80 g Kristallzucker
20 g Vanillezucker
80 g Mehl
Staubzucker zum Bestreuen

Für die Füllvariante I
500 ml Schlagobers
20 g Vanillezucker
200 g Ribiselmarmelade

Für die Füllvariante II
600 ml Schlagobers
20 g Staubzucker
Löskaffeepulver

Backzeit
ca. 35 Minuten
Backtemperatur
160 °C

Zubereitung

Für die Masse I Kristallzucker mit Eiklar vermengen und zu Schnee schlagen. **Für die Masse II** (Biskuitmasse) Eier, Dotter, Kristallzucker und Vanillezucker schaumig schlagen. Mehl behutsam unterziehen. Auf 3 Blättern Backpapier (je ca. 20 cm breit) mit einem Dressiersack mit großer Lochtülle (runde Öffnung) je 3 Streifen Schnee mit Zwischenräumen aufspritzen (dressieren). Dazwischen jeweils 2 Bahnen Biskuitmasse auftragen, ohne die Masse zu verstreichen. Mit Staubzucker bestreuen und im vorgeheizten Backrohr bei 160 °C 35 Minuten backen. Auskühlen lassen und das Papier vorsichtig abziehen.
Für die gewünschte Füllmasse jeweils Schlagobers schlagen. **Für die Variante I** Obers mit Vanillezucker aromatisieren, Ribiselmarmelade auf die erste Bahn aufstreichen und Vanilleobers darüber auftragen. Zweite Bahn aufsetzen, abermals mit Marmelade und Obers füllen und dritte Bahn obenauf setzen. **Für die Variante II** geschlagenes Obers mit Staubzucker sowie Löskaffeepulver aromatisieren und wie bei Variante I füllen. Vor dem Portionieren nochmals mit Staubzucker bestreuen.

Cremeschnitten

Zutaten
für 1 Kuchenblech
800 g Blätterteig nach Grundrezept (s. S. 17)
Marillenmarmelade und Rum zum Bestreichen
Fondant oder Eiweißglasur (s. S. 42/43)

Für die Vanillecreme
1 l Milch
300 g Kristallzucker
40 g Vanillezucker
80 g Vanillepuddingpulver
10 cl Rum
14 Blatt Gelatine
1,5 l Schlagobers, geschlagen

Backzeit
ca. 10 Minuten
Backtemperatur
200 °C

Zubereitung
Den nach Anleitung zubereiteten **Blätterteig** etwa 3 mm dünn ausrollen und zu 2 Böden (je ca. 30 × 45 cm) schneiden. Blätterteig auf ein Backblech legen, mit einer Gabel „stupfen" (mehrmals zart anstechen) und im vorgeheizten Backrohr bei knapp 200 °C etwa 10 Minuten backen. Marillenmarmelade mit etwas Rum leicht erwärmen und Blätterteigböden damit bestreichen.
Für die Vanillecreme die Hälfte der Milch mit Kristall- und Vanillezucker aufkochen. Die andere Hälfte der Milch mit Vanillepuddingpulver glatt rühren und in die kochende Milch einrühren. Aufkochen lassen und wieder vom Herd nehmen. Gelatine in kaltem Wasser einweichen, gut ausdrücken und in der noch heißen Vanillemasse auflösen. Rum einrühren und die Masse kühl stellen, aber nicht völlig stocken lassen. Geschlagenes Obers unter die abgekühlte Vanillecreme mengen. Blätterteigboden in eine Kastenform oder Rahmenform legen, Vanillecreme auftragen und kühl stellen. Das Deckblatt gesondert mit Fondant oder Eiweißglasur überziehen, abtrocknen lassen und erst vor dem Portionieren auflegen.

Tiramisu-Schnitten

Zutaten für 1 Kuchen- oder Rahmenform

ca. 500 g Biskotten (s. S. 37) oder fertig gekauft
Rum und starker Kaffee zum Tränken
Kakaopulver zum Bestreuen

Für die Creme

5 Eidotter
50 g Staubzucker
250 g Mascarpone
2 Blatt Gelatine
10 g Vanillezucker
1 cl Rum
1 cl Zitronensaft
3 Eiklar
50 g Kristallzucker
100 ml Schlagobers, geschlagen

Zubereitung

Auf ein Backblech eine Rahmenform (22 × 30 cm) stellen (oder eine Kastenform verwenden) und mit Biskotten auslegen. StarkenKaffee mit einem kräftigen Schuss Rum aromatisieren und die Biskotten damit tränken.

Für die Creme Eidotter, Staubzucker, Vanillezucker und Mascarpone cremig schlagen. Gelatine einweichen, ausdrücken und in erwärmtem Rum auflösen. Rum und Zitronensaft unter die Mascarponecreme rühren. Eiklar zu schlagen beginnen und mit Kristallzucker steif ausschlagen. Schnee gemeinsam mit geschlagenem Obers unterheben. Einen Teil der Creme auf die Biskotten auftragen. Eine Schicht-Biskotten dicht darauf legen und abermals tränken. Creme darauf verteilen und wiederum Biskotten darauf legen und tränken. Den Abschluss bildet Creme. Für mehrere Stunden kühl stellen. Portionieren und vor dem Servieren mit Kakaopulver bestreuen.

Tipp Je nach gewünschter Konsistenz der fertigen Tiramisu-Schnitten können mehr oder weniger Biskotten verwendet werden.

Apfelstrudel

Zutaten für 10 Portionen

Strudelteig nach Grundrezept (s. S. 22) oder Fertigteig
1,5 kg Äpfel
60 g Butter
100 g Semmelbrösel
120 g Zucker
60 g Rosinen
Zimt, gemahlen
20 g Vanillezucker
Schale von 1 Zitrone, gerieben
10 cl Rum
100 g Butter, flüssig, zum Beträufeln
Mehl zum Bestauben
Staubzucker zum Bestreuen

Backzeit
40 Minuten
Backtemperatur
180 °C

Zubereitung

Strudelteig laut Grundrezept zubereiten. **Für die Fülle** Butter in einer Pfanne zerlaufen lassen und Semmelbrösel darin hellbraun rösten. Äpfel schälen, vierteln, Kerngehäuse entfernen und Äpfel in dünne Scheiben schneiden. Mit Rosinen, Semmelbröselmasse, Zucker, Vanillezucker, Zimt, Zitronenschale und Rum vermischen. Den Arbeitstisch mit einem Tuch auslegen und gleichmäßig mit Mehl bestauben. Teig ebenfalls leicht bemehlen und auf das Tuch legen. Mit dem Nudelholz so dünn wie möglich ausrollen. Dann mit beiden Handrücken unter den Teig fahren und diesen langsam in alle Richtungen so dünn ausziehen, dass man durch den Teig eine Zeitung lesen könnte. Dabei äußerst vorsichtig vorgehen, damit der Teig nicht reißt. Ausgezogenen Teig mit drei Viertel der flüssigen Butter beträufeln, Fülle in einem Strang darauf verteilen, den Teig mit dem Tuch über die Fülle heben und dann einmal herum einschlagen, danach abschneiden. Strudel mit der Teignaht nach unten auf ein befettetes Backblech setzen und mit restlicher Butter bestreichen.

Bei 180 °C im vorgeheizten Backrohr etwa 40 Minuten backen. Noch lauwarm auf Tellern anrichten und mit Staubzucker bestreut servieren.

Tipp: Wie für alle süßen Strudelspezialitäten gilt auch für diesen, dass die beste Zeit, einen Strudel zu essen, dann ist, wenn er gerade frisch gebacken wurde und noch fast warm ist. Auf keinen Fall sollte man Strudel jedoch kühlschrankkalt servieren.

Marillenstrudel

Zutaten für 10 Portionen

Strudelteig nach Grundrezept (s. S. 22) oder Fertigteig
1,5 kg Marillen
300 g Biskuitwürfel, ersatzweise Zuckerbrösel
60 g Pistazienkerne, gehackt
100 g Mandelsplitter
100 g Semmelbrösel
120 g Staubzucker
10 cl Marillenbrand
100 g Butter, flüssig, zum Beträufeln
Staubzucker zum Bestreuen
Mehl für die Arbeitsfläche

Zubereitung

Strudelteig laut Grundrezept zubereiten. Marillen blanchieren (kurz in siedendes Wasser tauchen), in Eiswasser abschrecken und die Haut abziehen. Entkernte Marillen in Spalten schneiden und mit Mandelsplittern, gehackten Pistazienkernen, Biskuitwürfeln, Staubzucker sowie Semmelbröseln vermischen. Mit Marillenbrand aromatisieren. Den Arbeitstisch mit einem Tuch auslegen und gleichmäßig mit Mehl bestauben, Teig ebenfalls leicht bemehlen und auf das Tuch legen. Mit dem Nudelholz so dünn wie möglich ausrollen. Dann mit beiden Handrücken unter den Teig fahren und langsam in alle Richtungen so dünn ausziehen, dass man durch den Teig eine Zeitung lesen könnte.

Backzeit
35 Minuten
Backtemperatur
180 °C

Dabei äußerst vorsichtig vorgehen, damit der Teig nicht reißt. Den ausgezogenen Teig mit drei Viertel der flüssigen Butter beträufeln, vorbereitete Marillenfülle in einem Strang darauf verteilen, den Teig mit dem Tuch über die Fülle heben und dann einmal herum einschlagen, danach abschneiden. Strudel mit der Teignaht nach unten auf ein befettetes Blech setzen und mit flüssiger Butter bestreichen. Im vorgeheizten Backrohr bei 180 °C etwa 35 Minuten backen. Noch lauwarm auf Tellern anrichten und mit Staubzucker bestreut servieren.

Tipp: Möchte man den Strudel als Dessert servieren, so wäre Vanilleeis eine ideale geschmackliche Ergänzung.

Birnenstrudel

Zutaten
für 10 Portionen
Strudelteig nach Grundrezept (s. S. 22) oder Fertigteig
1,3 kg Birnen, vollreif
100 g Rosinen
100 g Mandeln, gehobelt und geröstet
120 g Zucker
150 g Biskuitwürfel (ersatzweise Zuckerbrösel)
20 g Vanillezucker
1 cl Zitronensaft
10 cl Williamsbirnenbrand
100 g Butter, flüssig, zum Beträufeln
Mehl zum Bestauben
Staubzucker zum Bestreuen

Zubereitung
Strudelteig laut Grundrezept zubereiten. Birnen schälen, vierteln und Kerngehäuse entfernen. Birnen in dünne Scheiben schneiden, mit Rosinen, Mandeln, Biskuitwürfeln, Zucker, Vanillezucker, Zitronensaft und Williamsbirnenbrand vermischen. Den Arbeitstisch mit einem Tuch auslegen und gleichmäßig mit Mehl bestauben, Teig ebenfalls leicht bemehlen und auf das Tuch legen. Mit dem Nudelholz so dünn wie möglich ausrollen. Dann mit beiden Handrücken unter den Teig fahren und langsam in alle Richtungen so dünn ausziehen, dass man durch den Teig eine Zeitung lesen könnte.

Backzeit
40 Minuten
Backtemperatur
180 °C

Dabei äußerst vorsichtig vorgehen, damit der Teig nicht reißt. Den ausgezogenen Teig mit drei Viertel der flüssigen Butter beträufeln, Füllung in einem Strang darauf verteilen, den Teig mit dem Tuch über die Fülle heben und dann einmal herum einschlagen, danach abschneiden. Strudel mit der Teignaht nach unten auf ein befettetes Blech setzen und mit flüssiger Butter bestreichen. Im vorgeheizten Backrohr bei 180 °C etwa 40 Minuten backen. Noch lauwarm auf Tellern anrichten und mit Staubzucker bestreut servieren.

Tipp: Mit Schokoladesauce und Vanilleeis aufgetragen, setzt dieser Birnenstrudel einen delikaten süßen Schlusspunkt am Ende eines feinen Menüs.

Weißer Strudel aus Rotem Stadl

Was wäre die Wiener Mehlspeisküche ohne die dazugehörigen Legenden? Jene von der „Erfindung" des Millirahmstrudels liest sich besonders apart und führt geradewegs in die Wienerwald-Gastwirtschaft „Zum Roten Stadl" in Breitenfurt, die im 19. Jahrhundert unter „Mehlspeistigern" berühmt für ihre Strudelspezialitäten war. Der absolute Verkaufsschlager war jedoch ein Strudel aus Semmeln, Milch, Butter, Eiern, Vanille, Rosinen, Zucker und Obers, der den Namen Millirahmstrudel angeblich der damaligen Köchin namens Milli verdankte. Ein „Mülch Raimb Strudl" findet sich jedoch schon in einem Wiener „Koch-Puch" des Jahres 1696.

Milchrahmstrudel

Zutaten für 15 Portionen

Strudelteig nach Grundrezept (s. S. 22) oder Fertigteig
200 g Butter
100 g Staubzucker
9 Semmeln
300 ml Milch
9 Eidotter
30 g Vanillezucker
Schale von 1 Zitrone, gerieben
50 g Maisstärke (Maizena)
375 ml Sauerrahm
9 Eiklar
100 g Kristallzucker
100 g Butter, flüssig, zum Beträufeln
Mehl zum Bestauben
Staubzucker zum Bestreuen

Für die Eiermilch (Royale)

1 l Milch
20 g Kristallzucker
2 Eier

Backzeit
ca. 50 Minuten
Backtemperatur
180 °C, dann 160 °C

Zubereitung

Strudelteig laut Grundrezept zubereiten. Semmeln entrinden, in kleine Würfel schneiden und mit Milch befeuchten. Butter mit Staubzucker weiß und schaumig schlagen. Semmelmasse, Dotter, Maisstärke, Vanillezucker, Sauerrahm und abgeriebene Zitronenschale unterheben. Eiklar leicht zu schlagen beginnen und mit Kristallzucker zu Schnee ausschlagen. Schnee vorsichtig unterheben. Den Arbeitstisch mit einem Tuch auslegen und gleichmäßig mit Mehl bestauben, Teig ebenfalls leicht bemehlen und auf das Tuch legen. Mit dem Nudelholz so dünn wie möglich ausrollen. Dann mit beiden Handrücken unter den Teig fahren und langsam in alle Richtungen dünn ausziehen. Den ausgezogenen Teig mit drei Viertel der flüssigen Butter beträufeln, vorbereitete Fülle in einem Strang darauf verteilen, den Teig mit dem Tuch über die Fülle heben und einmal herum einschlagen, danach abschneiden. Strudel mit der Teignaht nach unten auf ein befettetes Blech setzen und mit flüssiger Butter bestreichen. Im vorgeheizten Backrohr bei 180 °C etwa 30 Minuten backen. **Für die Eiermilch** Zutaten miteinander verschlagen, über den Strudel gießen und weitere 20 Minuten bei 160 °C backen.

Topfenstrudel

Zutaten für 10 Portionen
Strudelteig nach Grundrezept (s. S. 22) oder Fertigteig
100 g Butter
150 g Staubzucker
600 g Topfen
300 ml Sauerrahm
8 Eidotter
80 g Maisstärke (Maizena)
30 g Vanillezucker
Schale von 1 Zitrone, gerieben
50 g Rosinen
8 Eiklar
200 g Kristallzucker
100 g Butter, flüssig, zum Beträufeln
Staubzucker zum Bestreuen
Mehl für die Arbeitsfläche

Backzeit
40–45 Minuten
Backtemperatur
180 °C

Zubereitung
Strudelteig laut Grundrezept zubereiten. Butter mit Staubzucker weiß und schaumig schlagen. Passierten Topfen, Sauerrahm sowie Eidotter einrühren. Maisstärke, Vanillezucker, Zitronenschale und Rosinen unterheben. Eiklar leicht zu schlagen beginnen und mit Kristallzucker zu Schnee ausschlagen. Schnee vorsichtig unterheben. Den Arbeitstisch mit einem Tuch auslegen und gleichmäßig mit Mehl bestauben, Teig ebenfalls leicht bemehlen und auf das Tuch legen. Mit dem Nudelholz so dünn wie möglich ausrollen. Dann mit beiden Handrücken unter den Teig fahren und langsam in alle Richtungen so dünn ausziehen, dass man durch den Teig eine Zeitung lesen könnte. Dabei äußerst vorsichtig vorgehen, damit der Teig nicht reißt. Den ausgezogenen Teig mit drei Viertel der flüssigen Butter beträufeln, vorbereitete Topfenfülle in einem Strang darauf verteilen, den Teig mit dem Tuch über die Fülle heben und dann einmal herum einschlagen, danach abschneiden. Strudel mit der Teignaht nach unten auf ein befettetes Blech setzen und mit flüssiger Butter bestreichen. Im vorgeheizten Backrohr bei 180 °C etwa 40–45 Minuten backen. Noch lauwarm auf Tellern anrichten und mit Staubzucker bestreut servieren.

Kletzenstrudel

Zutaten für 10 Portionen
Strudelteig nach Grundrezept (s. S. 22) oder Fertigteig
Öl zum Bestreichen
Mehl für die Arbeitsfläche
100 g Butter, flüssig, zum Bestreichen und Beträufeln
Staubzucker zum Bestreuen

Für die Fülle
300 g Butter
80 g Staubzucker
16 Eidotter
300 g Walnüsse, gehackt
250 g Kletzen (Dörrbirnen), etwas eingeweicht, gehackt
100 g Rosinen, gehackt
100 g Dörrzwetschken, gehackt
80 g Aranzini, gehackt
80 g Kochschokolade, gerieben
Schale von 1 Zitrone
Prise Salz
Prise Zimt
Prise Kardamom
16 Eiklar
80 g Kristallzucker

Backzeit
ca. 40 Minuten
Backtemperatur
170 °C

Zubereitung
Den Strudelteig nach Anleitung zubereiten, mit etwas Öl bestreichen und rasten lassen. **Für die Fülle** Butter, Staubzucker und Dotter schaumig rühren. Restliche Zutaten und Gewürze außer Eiklar und Kristallzucker einmengen. Eiklar leicht zu schlagen beginnen und mit Zucker zu Schnee ausschlagen. Ebenfalls unter die Masse heben. Den Arbeitstisch mit einem Tuch auslegen und gleichmäßig mit Mehl bestauben, Teig ebenfalls leicht bemehlen und auf das Tuch legen. Mit dem Nudelholz so dünn wie möglich ausrollen. Dann mit beiden Handrücken unter den Teig fahren und langsam in alle Richtungen so dünn ausziehen, dass man durch den Teig eine Zeitung lesen könnte. Dabei äußerst vorsichtig vorgehen, damit der Teig nicht reißt. Den ausgezogenen Teig mit dreiviertel der flüssigen Butter beträufeln, vorbereitete Fülle in einem Strang darauf verteilen, den Teig mit dem Tuch über die Fülle heben und dann einmal herum einschlagen, danach abschneiden. Strudel mit der Teignaht nach unten auf ein befettetes Blech setzen und mit flüssiger Butter bestreichen. Im vorgeheizten Backrohr bei 170 °C etwa 40 Minuten backen. Mit Staubzucker bestreuen und portionieren.

Tipp: Als krönender Abschluss eines harmonischen Menüs serviert, wird der Kletzenstrudel hervorragend durch Sabayon und Preiselbeerkompott (siehe unten) ergänzt.

➣ Preiselbeerkompott

Zutaten

500 g Preiselbeeren
350 g Kristallzucker
Rum zum Bedecken

Zubereitung

Die verlesenen Preiselbeeren waschen. Danach gemeinsam mit dem Kristallzucker in der Rührmaschine mit dem Knethaken bei kleinster Stufe rühren, bis sich der Zucker restlos aufgelöst hat. Preiselbeeren in heiß ausgespülte Einmachgläser füllen. Rum erhitzen, anzünden und die Preiselbeeren zum Abdecken damit begießen. Gläser gut verschließen.

Torten

Die zehn Gebote des Tortenbackens

1. Achten Sie darauf, dass der Boden der Tortenform vor dem Einfüllen der Tortenmasse zunächst blitzsauber gereinigt und – soweit nicht anders angegeben – leicht ausgebuttert sowie mit Mehl bestäubt ist.
2. Verwenden Sie für schwerere Tortenmassen nur weiche, schaumig gerührte Butter, damit möglichst viel Luft in die Masse kommt.
3. Heben Sie Mehl und Eischnee immer am Schluss und möglichst vorsichtig unter die Tortenmasse. Nur so wird sie leicht und flaumig.
4. Achten Sie beim Rühren von Tortenmassen darauf, dass Mehl und steif geschlagener Eischnee mit der gerührten oder aufgeschlagenen Masse nur ganz kurz in Berührung kommen.
5. Achten Sie darauf, dass die verwendete Butter niemals heiß wird, da die Tortenmasse sonst leicht in sich zusammenfällt.
6. Versieben Sie Backpulver, so Sie solches verwenden, immer zuvor mit Mehl.
7. Legen Sie die fertig gebackene Torte mit der Oberseite nach unten auf ein leicht bemehltes Sieb oder Brett. Dadurch erhält sie eine schöne, glatte Oberfläche.
8. Füllen Sie Cremetorten auf keinen Fall übermäßig dick, da sie dadurch nicht nur üppiger werden, sondern auch schwerer zu schneiden sind.
9. Stellen Sie Cremetorten sofort nach dem Füllen bzw. Bestreichen in den Kühlschrank oder an einen anderen kühlen Ort, damit die Creme wieder fest werden kann.
10. Tauchen Sie das Messer, mit dem Sie die Torte in Stücke schneiden, nach jedem Gebrauch in heißes Wasser und führen Sie den Schnitt, ohne zu drücken, sägeartig durch, damit die Creme beim Schneiden nicht herausquillt.

Joghurt-Mohn-Torte mit Heidelbeeren

Zutaten für 1 Torte (Ø 26 cm)

5 Eiklar
250 g Kristallzucker
250 g Graumohn, gerieben
50 g Nüsse, gerieben
50 g Marillenmarmelade
400 g Heidelbeeren
Butter für die Form

Für die Joghurtmousse

600 ml Joghurt
150 g Staubzucker
8 Blatt Gelatine
100 ml Orangensaft
Schale von 1 Zitrone, abgerieben
480 ml Schlagobers

Backzeit
15 Minuten
Backtemperatur
190 °C

Zubereitung

Eiklar mit Kristallzucker zu Schnee schlagen, Mohn und Nüsse unterheben. Einen gefetteten Tortenring (oder eine Springform) auf ein mit Backpapier ausgelegtes Backblech stellen. Die Masse einstreichen und im vorgeheizten Backrohr bei 190 °C 15 Minuten backen. Aus dem Backrohr nehmen, stürzen, das Backpapier abziehen und überkühlen lassen. Den Mohnboden mit Marillenmarmelade bestreichen und in einen Tortenring legen. **Für die Mousse** Joghurt, Staubzucker und Zitronenschale verrühren. Gelatine in kaltem Wasser einweichen. Orangensaft erwärmen, ausgedrückte Gelatine darin auflösen und unterrühren. Das geschlagene Obers unterheben. Gewaschene, gut abgetropfte Heidelbeeren auf den Mohnboden streuen, mit Mousse auffüllen und 4 Stunden kalt stellen.

Sachertorte

Zutaten für 1 Torte (Ø 26 cm)

Sachermasse nach Grundrezept (s. S. 32)
Marillenmarmelade
Schokolade- bzw. Sacherglasur nach Grundrezept (s. S. 41)

Zubereitung

Sachermasse laut Grundrezept zubereiten und eine Torte backen. Nach dem völligen Auskühlen die Torte aus der Form nehmen. Auf der Oberseite glatt schneiden, wieder umdrehen und horizontal einmal durchschneiden. Den unteren Boden mit leicht erwärmter Marillenmarmelade bestreichen, Tortenoberteil darauf setzen und ebenfalls mit Marillenmarmelade bestreichen. Kühl stellen. Die vorbereitete lippenwarme Glasur in einem einzigen Guss über die Torte geben, rasch mit der Palette glatt streichen und auch den Tortenrand rundum bestreichen. Torte auf einen Tortenteller stellen und einige Stunden ruhig stehen lassen, damit die Glasur „trocknen“ kann.

Tipp: Wer sich die Mühe der Zubereitung einer Sacherglasur ersparen möchte, verwende einfach eine im Handel erhältliche Schokoladeglasur.

Das blieb von der Tortenschlacht

Die wohl berühmteste aller Wiener Torten, und vielleicht sogar die berühmteste Torte der Welt, wurde keineswegs von einem großen Zuckerbäcker erfunden. Die Rezeptur stammt vielmehr von einem Lehrling im zweiten Lehrjahr. Der 1816 geborene Franz Sacher backte 1832 als Kocheleve im Hause des Fürsten Metternich erstmals jene Schokoladentorte, die später einerseits zu Weltruhm gelangen, andererseits aber auch Gegenstand zahlreicher Prozesse zwischen dem Hotel Sacher und der Konditorei Demel um die wahren Urheberrechte am Titel „Original Sacher-Torte“ werden sollte. Hauptstreitpunkt: Muss die obligatorische Marillenmarmelade in der Mitte als Tortenfülle (wie bei Demel) oder unter der Glasur (wie im Hotel Sacher und auch bei der Kochbuchautorin Marie von Rokitansky) aufgetragen werden? Vorläufer der Sachertorte finden sich freilich schon viel früher, etwa im 1718 erschienenen Kochbuch Conrad Haggers oder in Gartler-Hickmanns „Wienerischem bewährtem Kochbuch" aus dem Jahr 1749. Seit Katharina Prato in ihrer „Süddeutschen Küche" jedoch eine „Chocolade-Torte. À la Sacher" vorstellte, sind Schokoguss, Marillenmarmelade und der Name Sacher untrennbar miteinander verbunden – egal wo die Marillenmarmelade aufgetragen ist.

Panamatorte

Zutaten für 1 Torte (Ø 26 cm)

Panamamasse nach Grundrezept (s. S. 31)
Mandeln, gehobelt und geröstet

Für die Pariser Creme

500 ml Schlagobers
500 g Kochschokolade

Zubereitung

Panamamasse laut Grundrezept zubereiten und eine Torte backen. Auskühlen lassen und horizontal zweimal durchschneiden.

Für die Pariser Creme Schlagobers aufkochen lassen, die zerkleinerte Kochschokolade darin schmelzen und etwa 2 Stunden auskühlen lassen. Bevor die Creme zu stocken beginnt, mit der Rührmaschine oder dem Handmixer schaumig rühren. Tortenböden jeweils mit Creme bestreichen und aufeinandersetzen. Torte außen ebenfalls mit Creme bestreichen, etwas Creme als Dekor beiseite stellen. Torte kühl stellen. Mit Mandeln bestreuen und mit der restlichen Creme die Oberfläche beliebig, etwa mit Rosetten, dekorieren.

Tipp: Pariser Creme kann auch auf Vorrat hergestellt und dann kühl gelagert werden. Vor der Verwendung muss sie leicht angewärmt und dann schaumig gerührt werden.

Schwarzwälder Kirschtorte

Zutaten für 1 Torte (Ø 26 cm)

Kakaobiskuitmasse nach Grundrezept (s. S. 26) oder Sachermasse nach Grundrezept (s. S. 32)
1 Glas Sauerkirschen mit Saft (450 g Fruchteinwaage)
100 ml Sauerkirschensaft
50 g Kristallzucker
Prise Zimtpulver
25 g Maisstärke (Maizena)
4 cl Kirschbrand
4 cl Läuterzucker (s. S. 38)
400 ml Schlagobers, geschlagen, zum Garnieren
Schokoladespäne zum Garnieren

Für die Pariser Creme

250 ml Schlagobers
250 g Kochschokolade

Für das Kirschobers

500 ml Schlagobers
4 Blatt Gelatine
6 cl Kirschbrand
2 cl Wasser
40 g Staubzucker

Zubereitung

Kakaobiskuit- oder Sachermasse nach Anleitung zubereiten und eine Torte backen. Auskühlen lassen und horizontal zweimal durchschneiden. Sauerkirschensaft mit Zimt und Zucker aufkochen lassen. Maisstärke mit etwas Wasser anrühren, zugießen und den Saft damit binden. 14 Kirschen für die Garnitur beiseite legen. Die restlichen Kirschen im Saft einmal aufwallen lassen, vom Herd nehmen und auskühlen lassen.

Für die Pariser Creme Schlagobers aufkochen lassen, die zerkleinerte Kochschokolade darin schmelzen und 2 Stunden auskühlen lassen. Bevor die Creme zu stocken beginnt, mit der Rührmaschine oder dem Handmixer schaumig rühren.
Einen Tortenboden in einen Tortenring geben, Kirschbrand und Läuterzucker (s. S. 38) miteinander vermischen und mit der Hälfte davon den Tortenboden beträufeln. Pariser Creme mit dem Dressiersack mit großer, glatter Tülle (runde Öffnung) in 4 Ringen aufspritzen. Die Zwischenräume mit den gebundenen Kirschen füllen. Den zweiten Tortenboden auflegen, leicht andrücken und mit restlicher Kirschbrandflüssigkeit tränken.

Für das Kirschobers Gelatine in kaltem Wasser einweichen, ausdrücken und in erwärmtem Kirschbrand auflösen. Wasser und Staubzucker einrühren und alles unter das geschlagene Obers rühren. Kirschobers auf den zweiten Boden streichen und mit dem dritten Boden abdecken. Für ca. 6 Stunden kühl stellen. Aus dem Tortenring schneiden, mit geschlagenem Schlagobers einstreichen, mit Schokoladespänen, Obersrosetten und den restlichen Sauerkirschen garnieren.

Zitronentarte mit Mascarino

Zutaten für 6–8 Portionen

Auslegeteig nach Grundrezept (s. S. 21), ½ Menge

Für die Fülle

2 Eidotter
2 Eier
120 g Kristallzucker
40 g Butter
2 EL Maisstärke (Maizena)
½ TL Honig
400 g Mascarino
180 ml Zitronensaft
Schale von 2 unbehandelten Zitronen, gerieben

Backzeit

ca. 12–15 Minuten blind,
10 Minuten fertig backen

Backtemperatur

190 °C

Zubereitung

Eine ausgebutterte Springform mit dem nach Anleitung zubereiteten Teig auskleiden und wie beschrieben blind backen.

Für die Fülle Eidotter, Eier und Zucker über Dampf schaumig rühren. Butter, Zitronensaft sowie Zitronenschale zugeben und kräftig schlagen. Maisstärke, Honig und Mascarino einarbeiten. Unter ständigem Rühren langsam erhitzen und köcheln lassen, bis die Masse bindet. Auf den vorgebackenen Teig auftragen und im vorgeheizten Backrohr nochmals 10 Minuten fertig backen. Vor dem Aufschneiden erkalten lassen.

Malakofftorte

Zutaten für 1 Torte (Ø 26 cm)

1 Biskuitboden aus 1/4 der Biskuitmasse, warm, nach Grundrezept (s. S. 26)
250 g Biskotten nach Grundrezept (s. S. 37) oder fertig gekauft
Rum zum Tränken
Mandeln, gehobelt, geröstet
Schokoladeglasur (s. S. 41) zum Tunken der Biskotten
400 ml Schlagobers zum Garnieren

Für die Creme

150 ml Milch
35 g Kristallzucker
10 g Vanillezucker
3 Blatt Gelatine
2 Eidotter
Prise Salz
2 cl Rum
1 Eiklar
25 g Kristallzucker
400 ml Schlagobers, geschlagen

Zubereitung

Für die Creme Milch, Kristallzucker, Vanillezucker, Salz und Eidotter verrühren und über einem Wasserbad erhitzen, bis die Masse leicht bindet. Gelatine in kaltem Wasser einweichen, ausdrücken und in der warmen Masse auflösen. Rum ebenfalls unterrühren und die Creme kühl stellen, bis sie fast stockt. Eiklar leicht zu schlagen beginnen und mit Kristallzucker zu Schnee ausschlagen. Schnee und Schlagobers gemeinsam unter die Creme heben.

Biskuitboden mit einem Tortenring umstellen und mit etwas Rum tränken. Von den Biskotten 7 Stück für die Garnitur beiseite legen. Die restlichen Biskotten abwechselnd mit der Creme in 2 bis 3 Lagen einlegen. Zwischendurch die Biskotten leicht mit Rum tränken. Mit Biskotten abschließen und für ca. 2 Stunden kühl stellen. Torte aus dem Tortenring nehmen und rundum sowie obenauf mit geschlagenem Schlagobers bestreichen. Auf jede Portion eine halbe in Schokoladeglasur getunkte Biskotte setzen und in die Mitte geröstete Mandeln einstreuen.

Herr Malakoff hieß Pelissier

Dass die Malakofftorte eine süße Festung ist, durch die sich Tortenschlemmer wie durch den schlaraffenländischen Breiberg beißen, ist unbestritten. Tatsächlich verdankt diese Torte ihren Namen auch der Erstürmung einer Bastion, nämlich jener der russischen Feste Malachow Kurgan bei Sewastopol auf der Krim, die vom französischen Feldherrn Jean J. Pélissier (1794–1864) bezwungen wurde. Die danach benannte Biskottentorte ist allerdings weder russischen noch französischen Ursprungs, sondern stammt aus dem damals österreichischen Norditalien und setzte sich schnell im gesamten Gebiet der Donaumonarchie durch. Sie muss jedenfalls nicht gebacken werden, sondern basiert auf rumgetränkten Biskotten und der so genannten Malakoff-Creme, für die es recht unterschiedliche Rezepte mit Schlagobers, Butter, Milch, Mascarpone und Dottern gibt, die auch eng mit der Tiramisu-Creme verwandt sind. Und in manchen alten Kochbüchern findet man sogar die Ansicht, dass es sich bei diesem Rezept gar nicht um eine Torte, sondern einfach um eine „galizische Creme" handle.

Dobostorte

Zutaten für 1 Torte (Ø 24 cm)

Dobosmasse nach Grundrezept (s. S. 30)
ca. 150 g Kristallzucker zum Karamellisieren
Fett zum Bestreichen

Für die Creme

4 Eier
150 g Kristallzucker
½ Vanilleschote
150 g Zartbitterkuvertüre
50 g Nougat
150 g Butter

Zubereitung

Dobosmasse nach Grundrezept zubereiten und sechs Tortenblätter backen.

Für die Creme Eier mit Kristallzucker und ausgekratztem Vanillemark über Dampf dickschaumig aufschlagen. Geschmolzene Zartbitterkuvertüre sowie geschmolzenes Nougat einrühren. Masse überkühlen lassen. Butter schaumig rühren und Schokolademasse einmengen. Erstes Tortenblatt in einen Tortenring setzen, mit Creme bestreichen und restliche Tortenblätter ebenso einfüllen. Das schönste Tortenblatt als Deckblatt beiseite legen. Palette und Messer (gefettet) vorbereiten. Den Kristallzucker zu hellem Karamell schmelzen und mit der Palette auf dem beiseite gelegten Tortenblatt verstreichen. Sofort mit dem Messer in gleichmäßige Portionsstücke schneiden. Diese leicht schräg versetzt auf die Torte auflegen und die Torte dann portionieren.

Kirschtorte

aus Mörwalds süßer Küche

Zutaten

6 Eier
150 g Kristallzucker
150 g Mehl
50 g Maisstärke (Maizena)
80 g Butter, geschmolzen
Butter und Mehl für die Form
15 cl Kirschwasser zum Tränken
Mandeln, gehobelt und geröstet, zum Bestreuen
Staubzucker zum Bestreuen

Für die Japonais-Böden

180 g Eiklar
80 g Kristallzucker
180 g Haselnüsse, fein gemahlen
40 g Mehl
Butter und Mehl für das Backblech

Für die Vanillecreme

80 g Kristallzucker
3 Eidotter
200 ml Milch
Mark von 1 Vanilleschote
3 Blatt Gelatine
200 ml Schlagobers
10 g Staubzucker für das Obers

Zubereitung

Eier und Zucker im warmen Wasserbad schaumig schlagen, vom Herd nehmen und so lange weiterschlagen, bis die Masse eine dickliche Konsistenz hat und kalt ist. Mehl, Maisstärke und geschmolzene Butter vorsichtig unterheben. Eine Tortenform von 26 cm Durchmesser mit Butter ausstreichen, mit Mehl ausstreuen und Masse einfüllen. Im vorgeheizten Backrohr bei 180 °C ca. 60 Minuten backen.

Für die Japonais-Böden Eiklar fast steif schlagen, Zucker langsam einrieseln lassen und so lange weiterschlagen, bis die Masse sehr steif ist. Restliche Zutaten unterheben und Masse in Form von 2 runden Böden mit Ø 26 cm (am besten mit einer Palette) auf ein gebuttertes und bemehltes Backblech streichen. Im vorgeheizten Rohr bei 180 °C ca. 15 Minuten goldgelb backen. Die Böden noch heiß vorsichtig vom Blech lösen.

Für die Vanillecreme Kristallzucker, Eidotter, Milch und Vanillemark gut miteinander verrühren und langsam unter ständigem Rühren erhitzen, aber nicht zum Kochen bringen. Eingeweichte Gelatine darin auflösen. Auf Eis kalt rühren. Kurz vor dem

Backzeit
Tortenboden ca. 60 Minuten, Japonais-Böden ca. 15 Minuten
Backtemperatur
180 °C

Erstarren das mit Staubzucker geschlagene Obers unterheben. Den ersten Japonais-Boden ca. 5 mm dick mit Vanillecreme bestreichen, den Tortenboden darauf legen, mit Kirschwasser tränken, wieder 5 mm Vanillecreme darüber streichen und mit dem zweiten Japonais-Boden abdecken. Torte mit restlicher Vanillecreme rundherum bestreichen und Seitenfläche mit Mandeln bestreuen. Oberfläche mit Staubzucker bestreuen und mit einer Palette oder einem Messerrücken gitterartig verzieren.

Rouladentorte

Zutaten für 1 Torte (Ø 26 cm)
1 Sachermasse laut Grundrezept (s. S. 32) Haselnüsse, gerieben, zum Bestreuen

Zum Tränken
25 ml Läuterzucker (s. S. 38)
5 cl Marillenbrand

Für die Roulade
Biskuitmasse für Rouladen laut Grundrezept (s. S. 24), ½ Menge
Marillenmarmelade zum Bestreichen
Zucker für das Tuch

Zubereitung
Rezept für Fortgeschrittene

Sachermasse laut Grundrezept zubereiten und einen Tortenboden backen.
Die Biskuitmasse laut Grundrezept zubereiten und backen. Kurz abdampfen lassen, auf ein leicht gezuckertes Tuch stürzen und das Backpapier abziehen. Biskuit einrollen und auskühlen lassen. Wieder aufrollen und mit Marillenmarmelade bestreichen. Zu einer kleinen Roulade zusammenrollen und kühl stellen.
Für die Schokoladeoberscreme Obers und Eidotter verrühren. Über Wasserdampf weiterrühren, bis ca. 70 °C erreicht sind und die Eidotter die

Für die Schokoladeoberscreme
520 ml Schlagobers
4 Eidotter
290 g Zartbitterkuvertüre
6 cl Marillenbrand
3 Blatt Gelatine

Für die Glasur
150 g Zartbitterkuvertüre
30 ml Öl

Masse leicht gebunden haben. Vom Herd nehmen und die gehackte Kuvertüre einrühren. Marillenbrand erwärmen, die eingeweichte, ausgedrückte Gelatine darin auflösen und in die Schokolademasse rühren. Mit dem Stabmixer etwa 5 Minuten mixen, ohne Luftbläschen hineinzuschlagen (Stabmixer nicht an die Oberfläche heben), und 3–4 Stunden kühl stellen. Danach wie Schlagobers aufschlagen. Den Sacherboden in einen Tortenring legen. Läuterzucker und Marillenbrand verrühren und Tortenboden damit beträufeln. Etwas aufgeschlagene Schokoladeoberscreme dünn auftragen. Die Roulade rund auf die Torte legen. Die restliche Schokoladeoberscreme einfüllen und glatt streichen. Für ca. 4 Stunden kühl stellen. **Für die Glasur** die Zartbitterkuvertüre erwärmen, Öl einrühren und etwas überkühlen lassen. Die Torte oben damit glasieren und stocken lassen. Aus dem Tortenring schneiden und an der Seite mit geriebenen Haselnüssen einstreuen.

Tipp: Verwenden Sie zum Portionieren der Torte unbedingt ein in heißes Wasser getauchtes Messer, da sonst die Glasur bricht.

Karottentorte

Zutaten für 1 Torte (Ø 24 cm)

250 g Karotten, fein gerissen
210 g Staubzucker
Schale von 1 Zitrone, gerieben
5 Eier
1 Eidotter
185 g Mehl
10 g Backpulver
125 g Haselnüsse, geschält und gerieben
125 g Butter, flüssig
60 g Mandeln, gehackt
Marillenmarmelade zum Bestreichen
Eiweißglasur laut Grundrezept (s. S. 43)
Butter für die Form
Staubzucker für das Tuch

Backzeit
40 Minuten
Backtemperatur
180 °C

Zubereitung

Karotten mit 60 g Staubzucker und Zitronenschale vermengen und gut durchziehen lassen. Eier, Eidotter und den restlichen Zucker über Dampf aufschlagen. Dann mit dem Rührgerät kalt und schaumig schlagen. Karottenmischung vorsichtig unter die Eiermasse heben. Mehl, Backpulver und Haselnüsse einrühren. Flüssige, aber nicht zu heiße Butter unterziehen. Eine Tortenform ausbuttern und mit gehackten Mandeln ausstreuen. Karottenmasse einfüllen und im vorgeheizten Backrohr bei 180 °C 40 Minuten backen. Überkühlen lassen und aus der Form auf ein mit Staubzucker bestreutes Tuch oder Blech stürzen. Mit erwärmter Marillenmarmelade dünn bestreichen, mit Eiweißglasur glasieren.

Waldbeer-Vanille-Torte

Zutaten für 1 Torte (Ø 26 cm)

Biskuitmasse für Torten, laut Grundrezept (s. S. 25), ½ Menge
120 g Marillenmarmelade
350 g Beeren, nach Belieben gemischt

Für die Creme

500 ml Milch
180 g Kristallzucker
20 g Vanillezucker
1 Vanilleschote
50 g Vanillepuddingpulver
6 Blatt Gelatine
30 g Marillenmarmelade
400 ml Schlagobers

Für das Gelee

50 g Marillenmarmelade
120 ml Wasser
70 g Kristallzucker
3 Blatt Gelatine

Zubereitung

Biskuitmasse laut Grundrezept zubereiten, eine Torte backen und nach dem Abkühlen einmal horizontal durchschneiden. Einen Biskuitboden in einen Tortenring legen und mit Marmelade bestreichen. **Für die Creme** die Hälfte der Milch mit Kristallzucker, Vanillezucker und der halbierten Vanilleschote aufkochen lassen. Puddingpulver mit restlicher Milch glatt rühren, in die kochende Milch einmengen und aufkochen lassen. Vom Herd nehmen und die Vanilleschote entfernen. Gelatine in kaltem Wasser einweichen, ausdrücken und in der Masse auflösen. Marillenmarmelade einrühren und überkühlen lassen. Masse glatt rühren und geschlagenes Obers vorsichtig unterheben. Drei Viertel der Vanillecreme auf den Biskuitboden streichen, den zweiten Boden darauf setzen und wiederum mit Marillenmarmelade bestreichen. Die restliche Creme auftragen, glatt streichen und 2 Stunden kühl stellen. Die Beeren über die Torte verteilen. **Für das Gelee** Wasser und Zucker aufkochen lassen, vom Herd nehmen und die Marillenmarmelade darin glatt rühren. Gelatine in kaltem Wasser einweichen, ausdrücken und im Gelee auflösen. Danach über die Torte verteilen und kühl stellen.

Esterházytorte

Zutaten für 1 Torte (Ø 26 cm)

Esterházymasse nach Grundrezept (s. S. 30), ½ Menge
Staubzucker zum Bestreuen

Für die Creme

400 ml Milch
200 g Kristallzucker
4 Blatt Gelatine
8 Eidotter
20 g Vanillezucker
Prise Salz
290 g Butter
80 g Nougat

Zum Glasieren

70 g Marillenmarmelade
ca. 150 g Fondant (s. S. 42)
etwas Zartbitterkuvertüre

Zubereitung

Esterházymasse laut Rezept zubereiten und sechs Tortenblätter backen. Die Tortenblätter jeweils auf ein mit Staubzucker bestreutes Blech oder Tuch stürzen und das Backpapier sofort abziehen.

Für die Creme Milch, Kristallzucker, Vanillezucker, Salz und Eidotter in einem Schneekessel verrühren und über Wasserdampf rühren, bis ca. 70 °C erreicht sind und die Dotter die Masse etwas gebunden haben. Gelatine in kaltem Wasser einweichen, ausdrücken und in der Masse auflösen. Masse vom Herd nehmen und mit einem Stabmixer 5 Minuten mixen. Danach kühl stellen. Butter schaumig rühren, erwärmtes Nougat zugeben und die ausgekühlte Creme einrühren. Die Tortenblätter abwechselnd mit der Creme in einen Tortenring füllen. Das oberste Blatt dünn mit Marillenmarmelade bestreichen und für 30 Minuten kühl stellen. Dann etwas Zartbitterkuvertüre schmelzen. Esterházytorte mit Fondant dünn überziehen. Aus einem Stück Pergamentpapier ein Stanitzel drehen und die Kuvertüre damit in dünnen Linien darüber spritzen. Sofort mit einem Spießchen das typische Esterházymuster ziehen. Torte kühl stellen, bis die Glasur getrocknet ist.

Punschtorte

Zutaten für 1 Torte (Ø 26 cm)

Biskuitmasse für Torten laut Grundrezept (s. S. 25)
400 g Biskuitwürfel für die Punschfülle
8 cl Rum
5 cl Läuterzucker (s. S. 38)
Schale von je 1 Orange und Zitrone, gerieben
Prise Zimt
50 g Marillenmarmelade

Zum Glasieren

Marillenmarmelade
ca. 250 g Fondant, mit Lebensmittelfarbe rosa gefärbt (s. S. 42)
ca. 200 g Zartbitterkuvertüre
Haselnüsse, gerieben, zum Bestreuen

Zubereitung

Biskuitmasse laut Rezept zubereiten, eine Torte backen und diese zweimal horizontal durchschneiden. Für die Punschfülle das mittlere Tortenblatt und die Biskuitwürfel kleinwürfelig schneiden. Mit Marillenmarmelade, Rum, Läuterzucker, Orangen- sowie Zitronenschale und einer Prise Zimt vermengen und die Masse gut durchkneten, bis sie zusammenhält. Biskuitboden mit Marillenmarmelade bestreichen, in einen Tortenring setzen und die Punschfülle auftragen. Mit dem zweiten Biskuitblatt abdecken, mit einer Platte oder Ähnlichem beschweren und einige Stunden kühl stellen. Aus dem Tortenring nehmen, stürzen, mit Marmelade einstreichen und obenauf mit Fondant glasieren. An der Seite mit geschmolzener Kuvertüre bestreichen und sofort geriebene Haselnüsse anpressen. Die restliche Kuvertüre in einen Spritzbeutel füllen und die Torte damit oben verzieren.

Kapuzinertorte

Zutaten für 1 Torte (Ø 26 cm)
Nussmasse laut Grundrezept (s. S. 28)
100 g Himbeermarmelade
4 cl Himbeergeist zum Tränken
250 g Himbeeren

Für die Schokoladecreme
400 ml Schlagobers, flüssig
3 Eidotter
150 g Vollmilchkuvertüre
70 g Zartbitterkuvertüre
1 Blatt Gelatine
6 cl Himbeergeist

Für die Bayrische Creme
3 Eidotter
70 g Kristallzucker
1 Vanilleschote
2 cl Himbeergeist
2 Blatt Gelatine
300 ml Schlagobers, geschlagen

Für die Schokoladeglasur
100 g Zartbitterkuvertüre
100 ml Schlagobers, flüssig

Zubereitung
Rezept für Fortgeschrittene

Die Schokoladecreme bereits am Vortag zubereiten. Dafür Obers und Eidotter verrühren. Über Wasserdampf weiterrühren, bis ca. 70 °C erreicht sind und die Eidotter die Masse leicht gebunden haben. Gelatine in kaltem Wasser einweichen, ausdrücken und in der warmen Masse auflösen. Kuvertüren hacken und in der warmen Obersmasse schmelzen. Mit dem Stabmixer 5 Minuten lang mixen und 24 Stunden kühl stellen.
Am nächsten Tag **Nussmasse** laut Grundrezept zubereiten, eine Torte backen und diese dreimal horizontal durchschneiden. Einen Tortenboden mit Himbeermarmelade bestreichen. Einen zweiten Boden darüber legen und mit Himbeergeist tränken. Die gekühlte Creme mit Himbeergeist vermengen und wie Schlagobers aufschlagen. Ein Drittel der Creme in die Mitte des Tortenbodens geben und die Hälfte der Himbeeren einstreuen. Aus den beiden restlichen Tortenböden jeweils ein keilförmiges Stück ausschneiden, damit man den Tortenboden dann zu einem Kegel drehen kann, ohne dass er sich an einer Stelle überlappt. Den dritten Tortenboden kegelartig auf den zweiten setzen. Wiederum mit einem Drittel der

Creme bestreichen und die restlichen Himbeeren einstreuen. Den letzten Boden wie oben beschrieben ebenfalls kegelartig auf den dritten setzen. Dabei ist zu beachten, dass der untere Kegel flacher, der obere dafür spitzer ist, um eine schöne Kuppelform der Torte zu erzielen. Die restliche Creme glatt darüber streichen und für 1 Stunde kühl stellen.

Für die Bayrische Creme Eidotter mit Kristallzucker und dem Mark einer Vanilleschote über Dampf schaumig schlagen. Gelatine einweichen, ausdrücken, in erwärmtem Himbeergeist auflösen und einrühren. Etwas überkühlen lassen und danach das geschlagene Obers unterheben. Im Kühlschrank ½ Stunde stocken lassen. Die Bayrische Creme glatt auf die Kapuzinertorte streichen, so dass eine schöne Kuppelform entsteht. Abermals für 2 Stunden kühl stellen.

Für die Schokoladeglasur das Obers einmal kurz aufkochen lassen und die gehackte Kuvertüre darin schmelzen. Etwas überkühlen lassen und danach die Torte damit überziehen.

Tipp: Wenn Ihr Tiefkühlschrank groß genug ist, stellen Sie die Torte am besten vor dem Glasieren für 10 Minuten hinein. Die Torte lässt sich so völlig problemlos mit der Glasur überziehen.

Torta Meringa

Zutaten für 1 Torte (Ø 26 cm)

Biskuitmasse für Torten nach Grundrezept (s. S. 25)
Kakaopulver zum Bestreuen

Für die Creme

5 Eidotter (100 g)
65 g Zucker
90 ml Espresso, sehr stark
320 g Mascarpone
4 Blatt Gelatine
420 ml Schlagobers

Zubereitung

Aus der **Biskuitmasse** nach Anleitung eine Torte backen, diese überkühlen lassen und in 4 dünne Tortenböden schneiden. **Für die Creme** Eidotter mit Zucker und Espresso im heißen Wasser-bad schaumig aufschlagen. Eingeweichte, gut ausgedrückte Gelatine in der warmen Eiermasse auflösen, abkühlen lassen und Mascarpone löffelweise einrühren. Obers steif schlagen und unter die Creme rühren. Für die Flüssigkeit zum Tränken sämtliche Zutaten miteinander vermengen. Ein Biskuitblatt in einen Tortenreifen setzen und etwas Creme darauf streichen (erstes Biskuitblatt nicht tränken). Zweites Biskuitblatt hinein geben, mit der vorbereiteten

Zum Tränken
30 g Löskaffeepulver
5 cl Sherry
5 cl Rum
120 ml Wasser

Für die Meringa (Schaummasse)
2 Eiklar (60 g)
60 g Kristallzucker
50 g Staubzucker

Backzeit
einige Minuten zum Bräunen

Backtemperatur
250 °C

Flüssigkeit tränken und mit Creme bestreichen. Diesen Vorgang so lange wiederholen, bis alle Biskuitblätter und die Creme verbraucht sind. Für 4 Stunden kühl stellen.

Für die Meringa (Schaummasse)
Eiklar mit etwas Kristallzucker zu Schnee schlagen, mit restlichem Kristallzucker fest ausschlagen. Zum Schluss gesiebten Staubzucker unterheben. Schaummasse auf die Torte dünn auftragen, ein dekoratives Muster ziehen und im vorgeheizten Backrohr bei 250 °C Oberhitze kurz überbacken. Torte wiederum einige Stunden kühl stellen, aus dem Tortenring schneiden und sowohl rundum als auch oben mit gesiebtem Kakaopulver bestreuen.

Tipp: Profibäcker flämmen die Meringa mit einem im Fachhandel erhältlichen Brenner oder stellen die Torte unter den „Salamander“ (Heizschlange).

Schlemmen à la Crème

Mascarponecreme ▹ S. 127

Crème Sabayon

Zutaten
53 Eidotter
100 g Kristallzucker
125 ml Weißwein (Riesling, Traminer oder Muskateller)

Zubereitung
In einem Kessel Eidotter mit Zucker cremig verrühren. Den Kessel in ein heißes Wasserbad setzen, Wein zugießen und so lange schaumig aufschlagen, bis sich das Volumen verdoppelt hat. Je nach Bedarf in Portionsgläser füllen oder anderweitig weiterverwenden.

Verwendung: eignet sich sowohl als eigenständiges luftiges Dessert als auch als Garnierung für warme und kalte Desserts.

Mascarponecreme

Zutaten
500 g Mascarpone
2 EL Honig
Schale von 1 Orange, abgerieben
100 g Staubzucker
100 ml Schlagobers

Zubereitung
Mascarpone mit Honig, Orangenschale und Staubzucker glatt rühren. Geschlagenes Obers unterheben und kühl stellen.

Verwendung: Diese rasch zubereitete Creme eignet sich sowohl als schmackhafte Garnierung für marinierte Früchte oder Beeren, aber beispielsweise auch als „schnelle Füllcreme" für eine sommerliche Früchtetorte: Biskuitboden mit Creme bestreichen und Früchte auflegen, voilà!

Buttercreme (Deutsche Buttercreme)

Zutaten

Für die Grundcreme

300 g Butter
50 g Staubzucker

Variante: Deutsche Buttercreme (Vanillecreme)

250 ml Milch
100 g Kristallzucker
25 g Vanillepuddingpulver
1 Eidotter

Zubereitung

Für die Grundcreme Butter mit Staubzucker weiß und schaumig rühren. **Für die Deutsche Buttercreme** 200 ml (!) Milch mit Kristallzucker aufkochen. Restliche Milch mit Vanillepuddingpulver und Eidotter verrühren und in die kochende Milch rühren. Kurz durchkochen, auskühlen lassen und durch ein Sieb streichen. Dann die Vanillecreme löffelweise in die Buttercreme einrühren und beliebig weiterverarbeiten. Verwendung gilt als klassische Tortencreme, wobei die Grundcreme (Buttercreme) mit verschiedenen „Beicremen“ vermengt werden kann. Abgesehen von der angeführten Vanillecreme werden beispielsweise auch Haselnussbuttercreme (beigemengte Haselnüsse) oder Schokoladebuttercreme (beigemengte Schokolade) gerne verwendet.

Konditorcreme (Crème Pâtissière)

Zutaten

500 ml Milch
80 g Kristallzucker
1 Vanilleschote
3 Eidotter
1 Ei
40 g Maisstärke (Maizena)

Zubereitung

Eidotter, Ei, Maisstärke und ein Drittel der Milch verrühren. Restliche Milch mit Zucker und der halbierten Vanilleschote aufkochen lassen. Vanillemark herauskratzen, zugeben und Schote entfernen. Die Eiermilch unter ständigem Rühren in die kochende Milch gießen und nochmals aufkochen lassen. Die Creme in eine Schüssel füllen und über Eiswasser kalt rühren. Mit Folie abdecken, damit sich keine Haut bildet und beliebig weiterverwenden.

Verwendung: als Grundcreme in der Patisserie

Crème Caramel

Zutaten für 6 Portionen

500 ml Milch
100 g Kristallzucker zum Karamellisieren
70 g Kristallzucker
3 Eier
1 Eidotter
1 EL Vanillezucker

Garungszeit

50–60 Minuten

Backtemperatur

120 °C (Unterhitze)

Zubereitung

Kristallzucker in einer Pfanne erhitzen, karamellisieren und den Boden kleiner Auflaufförmchen damit ausgießen. Milch, Kristall-und Vanillezucker aufkochen. Eier und Eidotter glatt rühren, mit der heißen Milch verschlagen, durch ein Sieb seihen und in die Auflaufförmchen füllen. Eine passende Form etwa 2 cm hoch mit Wasser füllen, aufkochen lassen und vom Herd nehmen. Formen hineinstellen, mit Alufolie abdecken und im vorgeheizten Backrohr bei 120 °C (am besten Unterhitze) ca. 50–60 Minuten stocken lassen. Aus dem Wasserbad heben, erkalten lassen und einige Stunden im Kühlschrank kühlen. Creme mit einem kleinen Messer aus der Form schneiden und auf Teller stürzen.

Garniturempfehlung: Fruchtmark und diverse Sorbets

Grießflammeri mit Zwetschken

Zutaten
für 10–12 Portionen
500 ml Milch
1 Vanilleschote
Schale von 1 Zitrone
50 g Weizengrieß
8 Blatt Gelatine
5 Eidotter
125 g Staubzucker
375 ml Schlagobers, geschlagen
ca. 10–12 Zwetschken

Zubereitung
Vanilleschote halbieren, Mark auskratzen und mit Milch sowie Zitronenschale aufkochen und passieren. Vanillemilch nochmals aufkochen lassen, unter ständigem Rühren den Grieß einmengen und die in kaltem Wasser eingeweichte und ausgedrückte Gelatine unterrühren. Leicht überkühlen lassen. Eidotter mit Zucker schaumig aufschlagen und langsam in die Grießmasse einrühren. Abschließend das geschlagene Obers unterheben. In kleine Portionsformen füllen und kühl stellen. Die Zwetschken waschen, halbieren, entkernen und in Spalten schneiden. Formen vor dem Stürzen kurz in heißes Wasser stellen und anschließend stürzen.

Panna Cotta (Gekochtes Obers)

Zutaten

500 ml Schlagobers, flüssig
1 Vanilleschote
20 g Vanillezucker
50 g Kristallzucker
3 Blatt Gelatine
2 cl Amaretto (Mandellikör)

Zubereitung

Schlagobers mit Vanilleschote, Vanillezucker und Kristallzucker aufkochen lassen und bei geringer Hitze etwa 10 Minuten köcheln lassen. Vanilleschote herausnehmen. Gelatine in kaltem Wasser einweichen, ausdrücken und im warmen Obers auflösen. Mit Amaretto abschmecken. In kleine Portionsförmchen füllen und über Nacht gut durchkühlen lassen.

Garniturempfehlung: Fruchtmark und Sorbets

Panna Cotta auf Toni Mörwalds Art

aus Mörwalds süßer Küche

Zutaten für 4–6 Portionen

500 ml Schlagobers
500 ml Milch
140 g Kristallzucker
4 Vanillestangen
2 Eier
3 Eidotter
brauner Zucker zum Bestreuen

Backzeit

ca. 30 Minuten

Backtemperatur

130 °C, dann kurz maximale Oberhitze

Zubereitung

Milch und Obers lauwarm erwärmen. Vanillestangen der Länge nach aufschneiden, dazugeben und kurze Zeit ziehen lassen. Zucker, Eier und Eidotter mit einem Schneebesen gut vermischen. Milch-Obers-Masse einrühren und eine gute halbe Stunde ziehen lassen. Nun alles durch ein Sieb gießen. Vanillemark herausschaben und zugeben. Masse in flache Förmchen ca. 3 cm hoch füllen und in einem Wasserbad im vorgeheizten Backrohr bei 130 °C ca. 30 Minuten pochieren. Herausnehmen und ca. 2 Stunden in den Kühlschrank stellen. Vor dem Servieren mit braunem Zucker bestreuen und kurz bei maximaler Oberhitze (oder unter dem Salamander) karamellisieren.

Crème Brûlée

Zutaten

6 Eidotter
110 g Kristallzucker
1 Vanilleschote
200 ml Milch
500 ml Schlagobers
50 g Brauner Zucker

Garungszeit
40 Minuten
Backtemperatur
85 °C

Zubereitung

Eidotter und Zucker verrühren. Die halbierte Vanilleschote mit Milch und Schlagobers aufkochen lassen. Vom Herd nehmen, Vanillemark herauskratzen, zugeben und Schote entfernen. Mit den Eidottern vermengen. Über einem heißen Wasserbad so lange rühren, bis die Masse bindet. Durch ein feines Sieb passieren und am besten in tiefen Tellern (oder Portionsformen) im auf 85 °C vorgeheizten Backrohr 40 Minuten garen. Dann 2 Stunden kühl stellen. Mit braunem Zucker bestreuen und im Backrohr bei maximaler Oberhitze (oder mit einem Crème-brûlée- bzw. Bunsenbrenner) karamellisieren.

Verbrannte Genüsse

Wer französische – auch moderne – Kochbücher studiert, der wird feststellen, dass die Crème brûlée darin kaum jemals vorkommt. Und auch in französischen Bistros findet man sie längst nicht so oft auf der Karte, wie man es angesichts ihrer weltweiten Popularität eigentlich vermuten könnte.
Tatsächlich ist die Crème brûlée auch längst nicht so französisch wie etwa die Mousse au chocolat. Handelt es sich doch um eine adaptierte Form der „Crema catalana" genannten Karamellcreme, welche die Spanier schon im 18. Jahrhundert kannten. Die klirrend-knusprige Oberfläche wiederum reklamieren die Briten für sich, die darauf verweisen, dass sich solche „burnt creams" schon im 17. Jahrhundert bei den Studenten von Cambridge größter Beliebtheit erfreuten. Zum Modegericht unserer Zeit wurde die Crème brûlée allerdings weder von Spanien noch von England noch von Frankreich aus. Die Herzen der globalisierten Dessert-Welt eroberte sie erst, als das New Yorker Nobelrestaurant „Le Cirque" 1982 zu einem „Crème brûlée-Revival" aufrief.

Gratin von Himbeeren und Mango mit Mandelcreme

aus Mörwalds süßer Küche

Zutaten

1 Mango, vollreif
ca. 400 g Himbeeren
1 TL Staubzucker
etwas Zitronensaft

Für die Mandelcreme

4 Eidotter
80 g Zucker
80 g Topfen
3 EL Mandelmilch (stark einreduzierte, mit gerösteten Mandeln ½ Tag aromatisierte Milch; ersatzweise: mit Mandelöl aromatisiertes Obers)
einige Tropfen Bittermandelöl
4 Eiklar
80 g Kristallzucker für den Schnee
300 ml Schlagobers, geschlagen

Garungszeit

einige Minuten

Backtemperatur

300 °C oder maximale Oberhitze

Zubereitung

Die Mango schälen, entkernen und Fruchtfleisch in Würfel schneiden. Himbeeren verlesen und 50 Gramm davon für Himbeermark durch ein Sieb drücken. Restliche Himbeeren mit Mangowürfeln, Staubzucker, dem vorbereiteten Himbeermark und Zitronensaft vorsichtig mischen und ziehen lassen.

Für die Mandelcreme Eidotter mit Zucker schaumig schlagen und mit passiertem Topfen gut verrühren. Mandelmilch und Bittermandelöl zufügen. Eiklar und Kristallzucker schaumig aufschlagen und vorsichtig mit der Topfenmasse vermischen. Zuletzt geschlagenes Obers unterziehen. Die marinierten Früchte im Backrohr etwas erwärmen, auf tiefe Teller verteilen und mit der Mandelcreme bedecken. Im Backrohr bei 300 °C (oder maximaler) Oberhitze gratinieren.

Soufflés, Schmarren, Aufläufe und Koche

Topfensoufflé ▸ S. 138

Topfensoufflé

Zutaten für 10 Portionen
250 g Topfen (20 %)
3 Eidotter
20 g Maisstärke (Maizena)
125 ml Sauerrahm
Prise Vanillezucker
Schale von 1 Zitrone, abgerieben
Prise Salz
3 Eiklar
40 g Zucker
Butter und Zucker für die Form

Backzeit
ca. 20 Minuten
Backtemperatur
180–220 °C

Zubereitung
Den Topfen passieren, Eidotter, Maisstärke, eine Prise Salz, Vanillezucker, geriebene Zitronenschale sowie den Sauerrahm beigeben und alles glatt rühren. Eine oder mehrere geeignete Soufflé-formen mit Butter ausstreichen und mit Zucker ausstreuen. Ein passendes Wasserbad bei 180–220 °C ins Backrohr stellen. Eiklar mit Zucker steif schlagen und unter die Topfenmasse heben. Soufflémasse etwa 2/3 hoch in die Formen füllen, diese ins Wasserbad stellen und etwa 20 Minuten pochieren. Soufflé stürzen, beliebig garnieren und rasch auftragen.

Garniturempfehlung: diverse Sorbets, frische Früchte oder eingelegte Marillen (s. S. 91)

Lebkuchensoufflé

Zutaten für 6 Portionen

80 g Butter
40 g Staubzucker
80 g Kuvertüre, dunkel
4 Eidotter
140 g Lebkuchen
4 cl Milch, lauwarm
Schale von 1 Zitrone
Schale von 1 Orange
Prise Vanillezucker
Prise Salz
Msp. Kardamom
60 g Walnüsse, gerieben
4 Eiklar
40 g Kristallzucker
Butter und Kristallzucker für die Formen

Backzeit
ca. 25–30 Minuten

Backtemperatur
200 °C

Zubereitung

Die Kuvertüre im Wasserbad schmelzen. Butter und Zucker schaumig schlagen, Eidotter und Schokolade nach und nach zugeben. Den Lebkuchen fein reiben, mit Milch anfeuchten und zusammen mit der abgeriebenen Zitronen- und Orangenschale sowie Vanillezucker, Salz, Kardamom und den geriebenen Nüssen unter die Dottermasse rühren. Eiklar leicht schlagen, dann mit Kristallzucker zu Schnee ausschlagen. Langsam unter die Masse heben. Souffléformen mit flüssiger Butter ausstreichen, mit Kristallzucker ausstreuen und die Masse ¾ hoch einfüllen. In einem Wasserbad im Backrohr bei 200 °C etwa 25–30 Minuten pochieren. Fertige Soufflés stürzen und sofort auftragen.

Schokoladensoufflé

Zutaten für 10 Portionen
90 g Kuvertüre, bitter
30 g Vollmilchkuvertüre
50 g Butter
6 Eidotter
6 Eiklar
40 g Kristallzucker
Butter und Kristallzucker für die Form

Backzeit
ca. 25 Minuten
Backtemperatur
200 °C

Zubereitung
Beide Kuvertüren in einen Schneekessel geben und über Wasserdampf erwärmen. Sobald sie flüssig sind, die Butter einrühren, vom Herd nehmen und Eidotter einmengen. Eiklar mit Zucker zu Schnee schlagen und unter die Schokolademasse heben. Eine geeignete Auflaufform mit flüssiger Butter ausstreichen und mit Zucker ausstreuen. Die Soufflémasse etwa ⅔ hoch einfüllen und im Wasserbad bei 200 °C im Backrohr etwa 25 Minuten pochieren. Soufflé stürzen, beliebig garnieren und rasch auftragen.

Tipp: Da das Schokoladesoufflé auch Tage vorher zubereitet und dann tiefgekühlt werden kann, eignet es sich ideal, wenn Sie Gäste erwarten. In diesem Fall muss das Soufflé allerdings etwa 5 Minuten länger im Backrohr pochiert werden.

Haselnusssouffé

Zutaten für 8–10 Portionen

90 g Nougat
40 g Butter
6 Eidotter
6 Eiklar
40 g Kristallzucker
80 g Haselnüsse, gerieben
10 g Maisstärke (Maizena)
Butter und Kristallzucker für die Formen

Backzeit
25 Minuten
Backtemperatur
200 °C

Zubereitung

Nougat in einen Schneekessel geben und über Wasserdampf schmelzen lassen. Butter einrühren, vom Herd nehmen und Eidotter einmengen. Eiklar mit Kristallzucker zu Schnee schlagen und gemeinsam mit den geriebenen Haselnüssen und Maisstärke unter die Nougatmasse heben. Auflaufformen mit flüssiger Butter ausstreichen, mit Zucker ausstreuen und die Soufflémasse ⅔ hoch einfüllen. Im Wasserbad bei ca. 200 °C im vorgeheizten Backrohr etwa 25 Minuten pochieren. Fertige Soufflés stürzen, beliebig garnieren und sofort auftragen.

Grießsoufflé

Zutaten
200 ml Milch
30 g Butter
25 g Kristallzucker
Zitronensaft
Prise Salz
Prise Ingwer
35 g Grieß
15 g Maisstärke (Maizena)
2 Eidotter
3 Eiklar
Butter und Kristallzucker
für die Formen
Sauerrahm und Staubzucker
zum Garnieren

Backzeit
ca. 25 Minuten
Backtemperatur
180 °C

Zubereitung
Milch mit Butter und der Hälfte des Zuckers, etwas Zitronensaft, Ingwer und einer Prise Salz aufkochen. Grieß dazugeben und ähnlich einer Brandteigmasse „abrösten". Das heißt, bei mäßiger Hitze so lange rühren, bis sich der Teig vom Topf löst. Eidotter gemeinsam mit Maisstärke unter die Masse rühren. Eiklar mit dem restlichen Zucker zu Schnee schlagen und ebenso unterheben. Souffléformen mit Butter ausstreichen und mit Zucker ausstreuen. Die Masse ¾ hoch einfüllen und im Wasserbad bei 180 °C im Backrohr ca. 25 Minuten pochieren. Soufflés stürzen, mit aufgeschäumtem Sauerrahm garnieren und mit Staubzucker bestreuen.

Garniturempfehlung: Beeren oder Sesamhippen (s. S. 35)

Marmorsoufflé mit Nougatsauce

aus Mörwalds süßer Küche

Zutaten

Für die Nougatsauce

100 g Nougat
100 ml Schlagobers, flüssig
3 g Maisstärke (Maizena)
3 EL Läuterzucker (s. S. 38)
2 EL Rum
100 ml Schlagobers, geschlagen

Für das Marmorsoufflé

200 g Topfen (20 % Fett)
3 Eidotter
3 Eiklar
60 g Zucker
1 TL Kakaopulver
Butter und Zucker für die Förmchen

Backzeit

ca. 20–25 Minuten

Backtemperatur

250 °C Unterhitze, 160 °C Oberhitze (oder 190 °C)

Zubereitung

Für die Nougatsauce Schlagobers leicht erwärmen und Nougat darin auflösen. Stärke und Läuterzucker in etwas Wasser anrühren und zugeben. Alles gut miteinander vermischen und abkühlen lassen. Zuletzt Rum und geschlagenes Obers unterheben.

Für das Marmorsoufflé den Topfen durch ein Sieb streichen und mit Eidottern sorgfältig verrühren. Eiklar mit Zucker zu cremigem Schnee schlagen und unter die Topfenmasse heben. Unter etwa ein Viertel der Masse das Kakaopulver ziehen. Kleine Auflaufförmchen (Ø ca. 8 cm) ausbuttern, mit Zucker ausstreuen und die beiden Soufflémassen abwechselnd schichtweise hineingießen und glatt streichen. Förmchen in ein Wasserbad mit siedendem Wasser setzen und im vorgeheizten Backrohr bei 250 °C Unterhitze und 160 °C Oberhitze (oder 190 °C) ca. 20–25 Minuten backen. Die Soufflés sofort auf tiefe Teller stürzen und mit der vorbereiteten Nougatsauce überziehen.

Maronisoufflé

Zutaten für 6 Portionen

50 g Butter
3 Eidotter
Prise Salz
Prise Vanillezucker
20 g Kochschokolade
60 g Maroni, passiert (oder fertiges Maronipüree)
3 Eiklar
40 g Zucker
30 g Mandeln, gerieben
10 g Semmelbrösel
Butter und Kristallzucker für die Formen
Staubzucker zum Bestreuen

Backzeit
15–20 Minuten
Backtemperatur
200 °C

Zubereitung

Butter mit einer Prise Salz und Vanillezucker schaumig schlagen. Die Eidotter nach und nach zugeben. Schokolade in einem Wasserbad zergehen lassen und unter die Masse rühren. Eiklar mit Zucker zu festem Schnee schlagen und abwechselnd mit den passierten Maroni, geriebenen Mandeln und Bröseln unter die Masse heben. Auflaufformen mit flüssiger Butter ausstreichen und mit Zucker ausstreuen. Soufflémasse 2/3 hoch einfüllen und im Wasserbad bei ca. 200 °C im Backrohr etwa 15–20 Minuten pochieren. Soufflés stürzen, beliebig garnieren, mit Staubzucker bestreuen und rasch auftragen.

Maroni statt Getreide

Die sättigende „nuc castanea“, aus der später die Edelkastanie oder Maroni (ital. *marrone*) wurde, war bereits den alten Römern bekannt und gelangte mit den römischen Legionären vom Mittelmeer nordwärts bis an den englischen „Hadrian’s Wall“. Im Gegensatz zu den ebenfalls satt machenden Feldfrüchten war die Edelkastanie jedoch kein Kind des Ackerbaus, sondern eines der Wald- und Weidenutzung. Speziell in Süd- und Mitteleuropa verbreitete sich daher die Gewohnheit, anstelle alter, abgestorbener Eichenbäume, die aus wilden Kastanienarten gezüchtete Esskastanie zu pflanzen – allerdings nicht, um damit frühe Maronibrater auf den Märkten des Mittelalters zu beschicken, sondern weil man hoffte, mit dem daraus hergestellten Mehl in Notzeiten ein Surrogat für Getreide zu schaffen. In Italien wird die Edelkastanie daher auch bis heute noch häufig „Albero del pane“ – Baum des Brotes – genannt.

Grießschmarren

Zutaten für 6 Portionen

500 ml Milch
60 g Butter
Mark von 1 Vanilleschote
90 g Grieß
4 Eidotter
Zitronenschale
2 TL Rum
4 Eiklar
Prise Salz
80 g Kristallzucker
20 g Butter zum Backen
Staubzucker
Erdbeeren und Erdbeermark (s. S. 65) zum Garnieren
Butter und Kristallzucker für die Formen

Backzeit
ca. 15 Minuten

Backtemperatur
190 °C

Zubereitung

Milch, Butter und Vanillemark aufkochen lassen, Grieß einrieseln lassen und Grießmasse gut durchkochen, bis sie nicht mehr klebt. Masse in eine Schüssel füllen, Eidotter nach und nach einrühren sowie abgeriebene Zitronenschale und Rum hinzufügen. Eiklar mit Prise Salz und einem Drittel des Zuckers cremig schlagen, restlichen Zucker dazugeben und zu wirklich festem Schnee ausschlagen. Unter die Grießmasse heben. Butter in einer Pfanne zerlassen, Grießmasse einfüllen und im Backrohr bei 190 °C etwa 15 Minuten backen. Herausnehmen, mit Zucker bestreuen und den Schmarren nochmals kurz im Backrohr karamellisieren. Grießschmarren mit einer Gabel in Stücke zerreißen und diese mit Erdbeermark und frischen Erdbeeren garniert anrichten.

Nussschmarren mit Erdbeeren

Zutaten

6 Eidotter
10 g Vanillezucker
40 g Staubzucker
Schale von 1 Orange, gerieben
50 g Nougat
6 Eiklar
120 g Kristallzucker
120 g Haselnüsse, gerieben
40 g Butter
Staubzucker zum Bestreuen

Für die Erdbeeren

280 g Erdbeeren
Grand Marnier
Staubzucker

Backzeit
ca. 15 Minuten
Backtemperatur
200 °C

Zubereitung

Nougat über Wasserdampf schmelzen lassen. Eidotter mit Vanillezucker, Staubzucker und Orangenschale ebenfalls über Dampf dickschaumig aufschlagen und unter das Nougat rühren. Eiklar leicht zu schlagen beginnen, mit Kristallzucker zu Schnee ausschlagen und gemeinsam mit den geriebenen Haselnüssen unterheben. Butter in einer Pfanne erhitzen, Nussmasse einfüllen und bei mäßiger Hitze etwa 1 Minute anbacken. Dann den Schmarren bei 200 °C ins vorgeheizte Backrohr schieben und 15 Minuten backen. Herausnehmen, mit Staubzucker bestreuen und mit zwei Gabeln zerreißen. Erdbeeren waschen, putzen und vierteln. Mit Grand Marnier und etwas Staubzucker marinieren, in einer Pfanne leicht erwärmen und mit dem fertigen Schmarren servieren.

Kaiserschmarren

Zutaten
4 Eier
40 g Mehl
1 EL Kristallzucker
Prise Vanillezucker
Rosinen nach Belieben
1/16 l Milch
Butter zum Backen
Kristall- und Staubzucker zum Bestreuen

Backzeit
ca. 15 Minuten
Backtemperatur
200 °C

Zubereitung
Das Backrohr auf 200 °C vorheizen. Eier in Dotter und Klar trennen, Eiklar mit Kristallzucker zu steifem Schnee schlagen. Dotter, Vanillezucker, Rosinen sowie Mehl unterheben und Milch vorsichtig einrühren. In einer Pfanne etwas Butter erhitzen. Teig eingießen, zuerst am Herd bei kleiner Hitze etwa 30 Sekunden lang anbacken, dann im vorgeheizten Backrohr bei 200 °C etwa 15 Minuten braun backen. Pfanne herausnehmen, Kaiserschmarren mit einer Gabel in kleine Stücke zerteilen. Mit etwas Kristallzucker bestreuen und nochmals kurz im Backrohr karamellisieren. Vor dem Servieren mit Staubzucker bestreuen.

Schmarren alla casa

Der Kaiserschmarren gilt neben dem Tafelspitz als das ehemalige Leibgericht von Kaiser Franz Joseph und damit auch als eines der kulinarischen Insignien des oft auch „Casa d'Austria" genannten „Hauses Österreich". Dieser Zusammenhang gilt manchen Kulinarhistorikern als Indiz dafür, dass dieses wohl berühmteste aller Schmarrengerichte seinen Namen auf eine Zubereitung „alla Casa d'Austria" zurückführen könnte. Andere der – ziemlich zahlreichen – Schmarrenlegenden ranken sich um die Jagdleidenschaft des Monarchen, der sich in seinen Jagdpausen angeblich immer auf einen „Kaserschmarren" in der nächsten Almhütte gefreut haben soll. Die populärste aller Legenden erzählt jedoch von einem Hofkoch namens Leopold, der sich bei den hohen Herrschaften mit einer neuen Komposition aus Omelettenteig und Zwetschkenröster beliebt machen wollte. Die figurbewusste Kaiserin Elisabeth soll das Gericht jedoch unangetastet zur Seite geschoben haben. Worauf der Kaiser einspringen musste und seinen Lakai anwies: „Na geb' er mir halt den Schmarren her, den unser Poldl da wieder z'sammkocht hat." Womit der Kaiserschmarren geboren war.

Heidelbeerschmarren

Zutaten für 6 Portionen

4 Eidotter
6 Eiklar
500 ml Milch
250 g Mehl
125 g Kristallzucker
300 g Heidelbeeren
Butter zum Backen
Staubzucker zum Bestreuen

Backzeit
ca. 15 Minuten
Backtemperatur
180 °C

Zubereitung

Die Eidotter mit Mehl und Milch zu einem Teig verrühren. Eiklar leicht zu schlagen beginnen, Kristallzucker einrieseln lassen, zu Schnee fertig schlagen und vorsichtig unter den Teig rühren. Butter in einer Pfanne zerlaufen lassen und Teig in die Pfanne gießen. Die verlesenen und gewaschenen Heidelbeeren auf die Masse streuen und im vorgeheizten Backrohr bei 180 °C je nach Höhe der Masse ca. 15 Minuten backen. Den fertigen Schmarren zerreißen, mit etwas Staubzucker bestreuen und nochmals im Backrohr ganz kurz karamellisieren lassen.

Garniturempfehlung: Vanilleeis

Rahmschmarren

Zutaten

250 ml Sauerrahm
50 g Topfen
50 g Staubzucker
3 Eidotter
50 g Maisstärke (Maizena)
1 EL Rum
Prise Vanillezucker
3 Eiklar
60 g Kristallzucker
20 g Butter zum Anbacken
Staubzucker zum Bestreuen

Zubereitung

Sauerrahm mit Topfen, Staubzucker, Eidottern, Maisstärke, Rum und Vanillezucker verrühren. Eiklar zu Schnee schlagen, mit Kristallzucker ausschlagen und unter die Dottermasse heben. In einer Pfanne Butter zerlassen. Die Schmarrenmasse dazugeben und kurz stocken lassen. Im vorgeheizten Backrohr bei 180 °C etwa 12 Minuten backen. Fertigen Schmarren in kleine Stücke zerreißen und mit Staubzucker bestreuen.

Backzeit

ca. 12 Minuten

Backtemperatur

180 °C

Klassischer Scheiterhaufen

Zutaten für 6 Portionen
300 g Brioche oder Semmeln, altbacken
100 ml Milch
1 Ei
30 g eingelegte Zibeben (s. S. 73)
4 cl Rum
30 g Mandeln, gehobelt
4 Äpfel oder Quitten
Saft von 1 Zitrone
50 g Butter
1 KL Zimtpulver
3 Eiklar
60 g Kristallzucker
2 Eidotter
10 g Vanillezucker
20 g Mehl
Butter für die Form
Staubzucker zum Bestreuen

Backzeit
ca. 25 Minuten
Backtemperatur
170 °C

Zubereitung
Die Milch mit dem Ei verrühren. Brioche oder Semmeln in 1 cm dicke Scheiben schneiden und mit der Eiermilch befeuchten. Äpfel oder Quitten in Spalten schneiden, in Butter kurz anbraten und mit Zitronensaft und Zimt aromatisieren. Eine feuerfeste Porzellanform mit Butter ausstreichen. Äpfel und Brioche dachziegelartig einschichten und Zibeben, Rum sowie gehobelte Mandeln darüber verteilen. Eiklar mit Kristallzucker zu Schnee schlagen. Eidotter, Vanillezucker und Mehl behutsam unterziehen und über den Scheiterhaufen verteilen. Im vorgeheizten Backrohr bei 170 °C im Backrohr 25 Minuten backen. Herausnehmen und mit Staubzucker bestreut servieren.

Salzburger Nockerln

Zutaten für 4–5 Portionen

125 ml Milch oder Schlagobers
40 g Butter
20 g Vanillezucker
10 Eiklar
60 g Kristallzucker
6 Eidotter
Schale von 1 Zitrone, gerieben
30 g Mehl
20 g Maisstärke (Maizena)
Staubzucker zum Bestreuen

Backzeit

8–10 Minuten

Backtemperatur

220 °C

Zubereitung

In eine feuerfeste Porzellan- oder Auflaufform Milch oder Schlagobers, Butter und die Hälfte des Vanillezuckers geben und bei 220 °C für 5 Minuten ins Backrohr stellen. Eiklar leicht zu schlagen beginnen und dann mit Kristallzucker zu sehr steifem Schnee ausschlagen. Eidotter mit dem restlichen Vanillezucker verrühren und gemeinsam mit Zitronenschale sowie dem mit Maisstärke vermischten Mehl sehr vorsichtig unter den Eischnee heben. Drei große Nocken formen und diese in die Porzellanform gruppieren. Bei 220 °C im vorgeheizten Backrohr 8–10 Minuten backen. Die Nockerln sollten in der Mitte noch cremig sein. Mit Staubzucker bestreuen und sofort servieren, da sie beim Abkühlen rasch zusammenfallen.

Die Königin der Aufläufe

Als „wabbelige fleischfarbene Berge aus mit Zucker soufflierten Eiern“ hat sie James Henderson, der langjährige Reisekorrespondent der „Financial Times“, einmal bezeichnet. Und vielleicht muss man auch wirklich ein Einheimischer sein, um die Vorzüge dieses ebenso riesenhaften wie letztlich doch luftig-leichten Desserts wirklich verstehen und genießen zu können. Wobei Mister Henderson mit seiner Anspielung auf die Berge gar nicht so falsch lag. Tatsächlich sollte die „Königin der Aufläufe“ im Idealfall aussehen wie die Gebirgszüge rund um Salzburg, kurz, nachdem der erste Schnee gefallen ist.

Topfengratin mit Marillen

Zutaten für 6 Portionen

500 g Topfen
50 g Maisstärke (Maizena)
80 g Staubzucker
4 Eidotter
2 cl Rum
20 g Vanillezucker
Schale von 1 Zitrone, gerieben
4 Eiklar
100 g Kristallzucker
4 Marillen
Butter zum Bestreichen
Staubzucker zum Bestreuen

Backzeit
einige Minuten
Backtemperatur
maximale Oberhitze

Zubereitung

Topfen mit Maisstärke, Staubzucker, Eidottern, Rum, Vanillezucker und Zitronenschale gut verrühren. Eiklar leicht zu schlagen beginnen, mit Kristallzucker zu Schnee ausschlagen und unter die Topfenmasse heben. Marillen entkernen und in Spalten schneiden. Tiefe Teller mit Butter ausstreichen, die Topfenmasse darauf verteilen und mit den Marillenspalten belegen. Bei maximaler Oberhitze im Backrohr einige Minuten goldgelb backen. Gratin mit Staubzucker bestreuen und rasch auftragen.

Garniturempfehlung: Vanilleeis

Nussauflauf mit Äpfeln

Zutaten für 8 Portionen

200 g Apfelkompott
80 g Butter
4 Eidotter
Prise Zimtpulver
Schale von 1 Zitrone, gerieben
80 ml Milch
1 Semmel
90 g Walnüsse, gerieben
30 g Semmelbrösel
4 Eiklar
80 g Kristallzucker
Butter und Semmelbrösel für die Form
Staubzucker zum Bestreuen

Backzeit
45 Minuten
Backtemperatur
180 °C

Zubereitung

Butter mit Eidottern, Zitronenschale und Zimt schaumig rühren. Semmel in Milch einweichen, ausdrücken und passieren. Semmelmasse, Nüsse und Brösel unter den Butterabtrieb mischen. Eiklar leicht zu schlagen beginnen, mit Kristallzucker zu Schnee ausschlagen und unter die Masse heben. Apfelkompott einmengen. Eine Auflaufform ausbuttern und mit Semmelbröseln ausstreuen. Die Masse einfüllen und im vorgeheizten Backrohr bei 180 °C im Backrohr 45 Minuten backen. Nussauflauf mit Staubzucker bestreuen und auftragen.

Apfelschupfer mit Hollersauce

Zutaten für 6 Portionen

250 g Semmeln oder Brioche
2 Äpfel
50 g Mandeln, gehobelt und geröstet
Zimt
8 cl Calvados (Apfelbranntwein)
500 ml Schlagobers
120 g Kristallzucker
7 Eier
Butter für die Formen
Staubzucker zum Bestreuen

Für die Hollersauce

1 l Rotwein
1 kg Hollerbeeren, gerebelt
1 Zimtstange
250 g Kristallzucker
Maisstärke (Maizena) zum Binden

Backzeit
30 Minuten
Backtemperatur
200 °C

Zubereitung

Semmeln oder Brioche in Würfel schneiden. Äpfel schälen, entkernen und in Spalten schneiden. Semmelwürfel, Äpfel und Mandeln vermischen. Flüssiges Schlagobers, Eier und Zucker verschlagen und unter die Semmelmasse mengen. Mit Zimt und Calvados abschmecken. Masse in gebutterte Formen füllen und im vorgeheizten Backrohr bei 200 °C etwa 30 Minuten backen. **Für die Hollersauce** Rotwein, Hollerbeeren, Zucker und Zimt aufkochen lassen und etwa 15 Minuten langsam köcheln lassen. Durch ein Sieb passieren. Etwas Maisstärke mit wenig Wasser anrühren und in die kochende Sauce rühren. Apfelschlupfer aus der Form stürzen, mit der Hollersauce anrichten und mit Staubzucker bestreuen.

Garniturempfehlung: Vanilleeis

➣ Apfelkompott

Zutaten

4 Äpfel
80 g Kristallzucker
2 EL Zitronensaft
Calvados (Apfelbranntwein)
50 ml Weißwein
100 ml Apfelsaft
½ Zimtstange
Prise Vanillezucker
Rosinen
½ EL Vanillepuddingpulver
Rum zum Abdecken
etwas Wasser

Zubereitung

Äpfel schälen, entkernen und in Spalten schneiden. Zucker in einer Pfanne erhitzen und karamellisieren. Apfelspalten dazugeben, kurz durchschwenken und mit Zitronensaft sowie Calvados ablöschen. Weißwein und Apfelsaft dazugießen, dann Vanillezucker, Zimtstange und Rosinen zufügen. Mit Backpapier bedecken und bei 170 °C im vorgeheizten Backrohr ziehen lassen, bis die Äpfel weich sind. Vanillepuddingpulver mit etwas Wasser anrühren und den Sud damit binden. Apfelkompott in ein heiß ausgespültes Einmachglas füllen. Rum erhitzen, anzünden und Apfelkompott damit übergießen. Glas bzw. Gläser gut verschließen.

➣ Pfirsichmark (Marillenmark)

Zutaten

600 g Pfirsiche (oder Marillen)
150 g Läuterzucker (s. S. 38)
10 g Vanillezucker
4 cl Zitronensaft
4 cl Pfirsichlikör
2 cl Cointreau

Zubereitung

Die Pfirsiche bzw. Marillen waschen, vierteln und entkernen. Im Mixer gemeinsam mit Läuterzucker, Vanillezucker und Zitronensaft pürieren und durch ein feines Sieb streichen. Mit Pfirsichlikör und Cointreau abschmecken.

Radetzkyreis

Zutaten für 4–6 Portionen
125 g Rundkornreis
Prise Salz
500 ml Milch
20 g Butter
90 g Kristallzucker
Saft und Schale von 1 Orange
Saft und Schale von 1 Zitrone
4 cl Rum
50 g Marillenmarmelade
Butter für die Form
Staubzucker zum Bestreuen

Für den Schnee
2 Eiklar
20 g Kristallzucker
10 g Vanillezucker
50 g Mandeln, gehobelt

Backzeit
3–4 Minuten
Backtemperatur
maximale Oberhitze

Zubereitung
Rundkornreis in kochendem Salzwasser kurz blanchieren (überbrühen). Abseihen und mit kaltem Wasser abschrecken. Milch mit Reis langsam aufkochen und Butter, Kristallzucker, Saft und Schalen von Orange und Zitrone zugeben. Den Reis so lange auf kleiner Flamme weiterkochen, bis er weich ist. Rum unterrühren und Marillenmarmelade vorsichtig einmengen (einmelieren). Eine Auflaufform mit Butter ausstreichen und den Reis einfüllen.
Für den Schnee Eiklar leicht zu schlagen beginnen und mit Kristall und Vanillezucker ausschlagen. Den Schnee locker über die Reismasse verteilen und gehobelte Mandeln darüber streuen. Im heißen Backrohr 3–4 Minuten bei maximaler Oberhitze bräunen. Mit Staubzucker bestreuen und servieren.

Tipp: Wenn Sie den Radetzkyreis als Portionsdessert reichen wollen, so verwenden Sie kleine ausgebutterte Ringförmchen und garnieren das Dessert vor dem Servieren mit selbst gemachtem Fruchtmark.

Soufflierter Milchreis mit Marillenschaum

Zutaten für 8–10 Portionen

125 g Rundkornreis
Prise Salz
500 ml Milch
1 Stange Zimt
1 Vanilleschote
10 g Rosinen
1 cl Marillenbrand
4 Eidotter
5 Eiklar
50 g Kristallzucker
150 ml Schlagobers
2–3 EL Pfirsichmark
(s. S. 157)
eingelegte Marillen (s. S. 91)
Butter und Kristallzucker
für die Formen

Backzeit
ca. 20 Minuten
Backtemperatur
200 °C

Zubereitung

Rundkornreis in kochendem Salzwasser kurz blanchieren (überbrühen). Abseihen und mit kaltem Wasser abschrecken. Milch mit Reis langsam aufkochen lassen. Zimtstange, halbierte Vanilleschote sowie Rosinen zugeben und den Reis so lange auf kleiner Flamme weiterkochen, bis er weich ist. Zimtstange und Vanilleschote entfernen, Marillenbrand einrühren. Etwas überkühlen lassen und mit Dottern verrühren. Eiklar leicht zu schlagen beginnen, mit Kristallzucker zu Schnee schlagen und unterziehen. Portionsformen mit flüssiger Butter ausstreichen, mit Kristallzucker ausstreuen und die Milchreismasse etwa 2/3 hoch einfüllen. Formen in ein Wasserbad stellen und im vorgeheizten Backrohr bei 200 °C etwa 20 Minuten pochieren. Schlagobers in einem Schneekessel auf Eis fest schlagen. Marillenmark vorsichtig unterheben und den soufflierten Milchreis mit dem fertigen Marillenschaum sowie eingelegten Marillen anrichten.

Mohr im Hemd

Zutaten für 6 Portionen
60 g Butter
60 g Staubzucker
3 Eidotter
60 g Schokolade, geschmolzen
1 ½ Semmeln, altbacken, in Milch eingeweicht
60 g Nüsse, gerieben
60 g Brösel
3 Eiklar
20 g Kristallzucker
Butter und Kristallzucker für die Form
Schokoladesauce und geschlagenes Obers als Garnitur

Backzeit
ca. 30 Minuten
Backtemperatur
200 °C

Zubereitung
Butter und Staubzucker schaumig aufschlagen, Eidotter einrühren.
Die in Milch eingeweichten Semmeln gut ausdrücken und gemeinsam mit der geschmolzenen Schokolade unterrühren.
Eiklar mit Kristallzucker zu Schnee schlagen und ebenso wie die Brösel und Nüsse unter die Masse heben.
Passende Auflaufformenmit flüssiger Butter ausstreichen, mit Kristallzucker ausstreuen und die Masse etwa ⅔ hoch einfüllen. Formen in ein Wasserbad stellen, abdecken und im vorgeheizten Backrohr bei 200 °C etwa 30 Minuten pochieren. Mohr auf Teller stürzen und jeweils mit warmer Schokoladsesauce und geschlagenem Obers garniert servieren.

Reiskoch

Zutaten für 8–10 Portionen

125 g Rundkornreis
500 ml Milch
80 g Butter
5 Eidotter
5 Eiklar
80 g Kristallzucker
Prise Salz
Butter und Kristallzucker für die Formen
Staubzucker zum Bestreuen

Backzeit

ca. 20 Minuten

Backtemperatur

200 °C

Zubereitung

Rundkornreis in kochendem Salzwasser kurz blanchieren (überbrühen), abseihen und mit kaltem Wasser abschrecken. Milch mit dem Reis langsam aufkochen lassen und so lange auf kleiner Flamme weiterkochen, bis der Reis weich ist und die Flüssigkeit beinahe verdampft ist. Butter schaumig rühren und gemeinsam mit den Dottern unter die überkühlte Reismasse rühren. Eiklar leicht zu schlagen beginnen und mit Kristallzucker zu Schnee schlagen. Vorsichtig unter die Reismasse heben. Passende Auflaufformen mit flüssiger Butter ausstreichen, mit Kristallzucker ausstreuen und die Masse einfüllen. Formen in ein Wasserbad stellen und im vorgeheizten Backrohr bei 200 °C etwa 20 Minuten pochieren. Reiskoch stürzen, mit Staubzucker bestreut servieren.

Knödel, Nudeln, Tascherln, Nockerln, Palatschinken, Omeletten, Buchteln, Dalken und Ausgebackenes

Schneenockerln ▷ S. 179

Obstknödel

Zutaten für 12 Knödel
300 g Topfen (20 % Fett)
30 g Butter
60 g Grieß
2 Eier
Salz
12 Früchte nach Belieben
Mehl für die Arbeitsfläche
Staubzucker zum Bestreuen

Für die Zimtbrösel
100 g Butter
170 g Semmelbrösel
Prise Zimt, gemahlen

Garungszeit
ca. 10–12 Minuten

Zubereitung
Topfen passieren und mit weicher Butter, Eiern und einer Prise Salz glatt rühren. Grieß einmengen und Teig für ca. 2 Stunden kalt stellen. Den Teig auf einer bemehlten Arbeitsfläche ausrollen und mit einem runden Ausstecher Kreise ausstechen. Die gewaschenen Früchte darauf legen, Teig zusammenklappen und zu Knödeln formen. Ausreichend viel Salzwasser zum Kochen bringen und die Knödel darin 10–12 Minuten leicht wallend kochen. Währenddessen **für die Zimtbrösel** Butter in einer Pfanne erhitzen und die Semmelbrösel mit Zimt darin goldbraun rösten. Knödel herausheben, gut abtropfen lassen und in den Bröseln wälzen. Vor dem Servieren mit Staubzucker bestreuen.

Tipp: Besonders gut eignet sich dieses Rezept für Erdbeer- oder Zwetschkenknödel. Ob Sie bei den Zwetschken die Kerne entfernen oder nicht und gegebenenfalls durch ein Stück Würfelzucker oder Marzipan ersetzen, hängt ganz von der persönlichen Geschmacksvorliebe ab.

Marillenknödel

Zutaten für 12 Knödel
25 g Butter
2 EL Staubzucker
350 g Topfen
100 g Weißbrotbrösel
2 Eier
Zitronenschale, gerieben
Rum
Prise Salz
12 Marillen
12 Stück Würfelzucker
Staubzucker zum Bestreuen

Für die Zuckerbrösel
100 g Butter
100 g Brösel
50 g Kristallzucker
Prise Zimt
Prise Vanillezucker

Garungszeit
ca. 15 Minuten

Zubereitung

Für die Topfenmasse Butter mit Staubzucker schaumig schlagen, Eier dazugeben, Topfen, Zitronenschale, etwas Rum, Salz und Brösel unterrühren. Etwa 2 Stunden ziehen lassen. Sollte der Teig zu stark kleben, noch 2 EL Semmelbrösel untermengen. Marillen einschneiden, Kerne entfernen, jeweils ein Stück Würfelzucker hineingeben, gut mit Teig umhüllen und schöne, runde Knödel formen. In siedendem Salzwasser etwa 15 Minuten leicht wallend kochen.

Für die Zuckerbrösel Butter zerlassen, Brösel und Zucker goldbraun rösten und mit Zimt sowie Vanillezucker aromatisieren. Knödel darin wälzen und mit Staubzucker bestreut servieren.

Tipp: Sie können die Marillen auch entkernen, indem Sie den Kern mit einem Kochlöffel herausdrücken und dann den Würfelzucker hineingeben.

Mohn-Topfen-Knödel

Zutaten für 18 Knödel

Topfenteig (s. S. 14)

Für die Mohnfülle

125 g Mohn, gemahlen
70 g Brösel
100 ml Milch
Zitronenschale, gerieben
Schuss Rum
Prise Zimt
Honig
30 g Zucker
50 g Schokolade, weiß
1 Eidotter

Für die Zuckerbrösel

100 g Butter
100 g Brösel
50 g Kristallzucker
Prise Zimt
Prise Vanillezucker

Garungszeit

ca. 12 Minuten

Zubereitung

Mohn mit Bröseln vermischen.
Milch mit Zucker, etwas Honig, Rum, Zitronenschale und Zimt aufkochen lassen, vom Herd nehmen und die Bröselmischung einrühren. Schokolade schmelzen und gemeinsam mit dem Eidotter einrühren. Einige Zeit kühl stellen. Aus der Mohnmasse kleine Knödel formen und abermals kalt stellen. **Topfenteig** nach Anleitung zubereiten und die gut gekühlten Mohnknöderln damit umhüllen. Knödel in heißem Wasser (nicht kochend) ca. 12 Minuten ziehen lassen. **Für die Zuckerbrösel** die Butter zerlassen, Brösel und Zucker darin goldbraun rösten und mit Zimt und Vanillezucker aromatisieren. Gut abgetropfte Knödel in den Zuckerbröseln wälzen und anrichten.

Grießknödel mit Honigobers

Zutaten für 12–18 Knödel
500 ml Milch
75 g Zucker
Zitronenschale, gerieben
Mark von ½ Vanillestange
210 g Weizengrieß
150 g Butter, zimmertemperiert
2 Eier
Zucker für das Wasser

Für die Zuckerbrösel
100 g Butter
50 g Brösel
Schale von 1 Orange, gerieben
Schale von 1 Zitrone, gerieben
Staubzucker

Für das Honigobers
1 EL Honig
3 EL Schlagobers, geschlagen

Garungszeit
10 Minuten

Zubereitung
Milch, Zucker, Zitronenschale und Vanillemark aufkochen. Grieß einrieseln lassen und unter ständigem Rühren wie einen Brandteig abrösten. Butter unter die noch heiße Masse rühren, anschließend Eier nach und nach einmengen und die Masse für 2 Stunden in den Kühlschrank stellen. Aus der kalten Masse Knödel formen und in etwas gezuckertem, siedendem Wasser 10 Minuten ziehen lassen. **Für die Zuckerbrösel** Butter schmelzen lassen, Brösel einrühren und abgeriebene Orangen- und Zitronenschale dazugeben. Mit Staubzucker abschmecken. **Für das Honigobers** flüssigen Honig mit geschlagenem Obers vermengen. Die gut abgetropften Knödel in den Zuckerbröseln wälzen und mit Honigobers garniert anrichten.

Schokoladenknödel

Zutaten für 24 Knödel
25 g Butter
350 g Topfen
2 Eier
½ EL Vanillezucker
20 g Staubzucker
Schale von ½ Zitrone
Schale von ½ Orange
1 cl Rum
100 g Semmelbrösel
Zucker für das Wasser
Staubzucker zum Bestreuen

Für die Fülle
100 ml Schlagobers
100 g Zartbitterkuvertüre

Für die Zimtbrösel
100 g Butter
120 g Semmelbrösel
Prise Zimt, gemahlen

Garungszeit
6–8 Minuten

Zubereitung

Für die Fülle zunächst Schlagobers mit Zartbitterkuvertüre über Wasserdampf schmelzen und kalt stellen. Inzwischen für den Teig Butter mit Staubzucker schaumig rühren. Topfen einmengen. Danach Eier, Vanillezucker, Rum, geriebene Orangen- sowie Zitronenschale einrühren und abschließend die Semmelbrösel unterheben. Teig 1 Stunde rasten lassen. Gekühlte Kuvertüremasse in einen Dressiersack mit glatter Tülle (runde Öffnung) füllen und kleine Kugeln daraus spritzen. Jede Schokoladekugel mit etwas Teig gut umschließen und zu Knödeln formen. In einem Topf gezuckertes Wasser aufkochen lassen und die Knödel darin 6–8 Minuten köcheln lassen. Währenddessen Butter in einer Pfanne schmelzen und die Brösel mit Zimt darin goldbraun rösten. Knödel herausheben, abtropfen lassen und in den Bröseln wenden. Schokoladeknödel mit Staubzucker bestreut auftragen.

Garniturempfehlung: Erdbeermark (s. S. 65)

Tipp: Wer sich das Zubereiten des Schokoladekerns ersparen möchte, kann stattdessen einfach ein Stückchen Kochschokolade verwenden.

Birnenknödel

Zutaten für 18 Knödel

300 g Birnen
2 Eier
100 g Kristallzucker
50 g Semmelbrösel
20 g Butter
50 g Haselnüsse, gerieben
50 g Magertopfen
10 g Vanillezucker
Prise Zimt, gemahlen
2 cl Williamsbirnenbrand
Staubzucker zum Bestreuen
Kristallzucker für das Zuckerwasser
Sonnenblumenöl zum Ausbacken

Zubereitung

Die Birnen schälen, Gehäuse entfernen und Birnen kleinwürfelig schneiden. In gezuckertem Wasser weich kochen, herausheben und gut abtropfen lassen. Kristallzucker und Semmelbrösel in der Butter braun rösten. Mit Birnenwürfeln, Eiern, Topfen, Nüssen, Vanillezucker, Zimt sowie Birnenbrand zu einem Teig vermengen und 1 Stunde rasten lassen. In einer tiefen Pfanne ausreichend viel Öl erhitzen. Aus der Masse kleine Knödel formen und im heißen Öl goldbraun backen. Auf Küchenkrepp gut abtropfen lassen. Mit Staubzucker bestreut servieren.

Garungszeit

ca. 12 Minuten

Nuss-Topfen-Knödel

Zutaten
für 18 Knödel
Topfenteig laut Grundrezept
(s. S. 14)

Für die Nussfülle
125 g Nüsse, gerieben
70 g Semmelbrösel
100 ml Milch
Zitronenschale, abgerieben
Schuss Rum
Prise Zimt
etwas Honig
30 g Zucker
50 g Nougat
1 Eidotter

Zubereitung
Den Topfenteig nach Anleitung zubereiten und 2 Stunden rasten lassen.
Für die Fülle Nüsse mit Bröseln vermischen. Milch mit Zucker, Honig, Rum, abgeriebener Zitronenschale und Zimt aufkochen lassen, vom Herd nehmen und unter die Nüsse rühren. Nougat schmelzen und mit dem Dotter in die Nussmasse einrühren. Danach einige Zeit kühl stellen.
Aus der Nussmasse kleine Knöderln formen und diese wieder kalt stellen. Die gut gekühlten Nussknöderln mit dem vorbereiteten Topfenteig umhüllen und zu Knödeln formen. Ausreichend viel Wasser zum Kochen bringen und die Knödel darin (nicht kochend) ca. 12 Minuten ziehen

Für die Zuckerbrösel
100 g Butter
100 g Semmelbrösel
50 g Kristallzucker
Prise Zimt
Vanillezucker

Garungszeit
ca. 12 Minuten

lassen. Für die Zuckerbrösel Butter zerlassen. Brösel und Zucker darin goldbraun rösten und mit Zimt sowie Vanillezucker aromatisieren. Knödel aus dem Wasser heben, gut abtropfen lassen und in den Bröseln wälzen.

Garniturempfehlung: Vanillesauce (s. S. 185)

Germknödel

Zutaten
für ca. 20 Knödel
500 g Mehl
30 g Germ
200 ml Milch, lauwarm
80 g Butter, flüssig
60 g Kristallzucker
2 Eier
300 g Powidl
Salz
Schale von ½ Zitrone, abgerieben
Mehl für die Arbeitsfläche

Zum Beträufeln und Bestreuen
150 g Butter, flüssig
120 g Graumohn, gemahlen
50 g Staubzucker

Zubereitung
Germ in der Hälfte der lauwarmen Milch auflösen. Etwas Mehl dazugeben und verrühren. Etwas Mehl darüber streuen und das Dampfl zugedeckt 20 Minuten aufgehen lassen. Restliches Mehl in eine Schüssel geben. Gemeinsam mit dem Dampfl, Butter, Eiern, restlicher Milch, Kristallzucker, einer Prise Salz und Zitronenschale zu einem glatten Teig kneten. An einem warmen Ort zugedeckt 30 Minuten aufgehen lassen. Den Teig auf einer bemehlten Arbeitsfläche etwa 1,5 cm dick ausrollen und daraus Quadrate von ca. 7 × 7 cm schneiden. Jeweils einen Löffel Powidl darauf setzen, die Knödel zusammenschlagen und in der hohlen Hand rund schleifen, d. h. zu glatten Knödeln formen. Auf ein bemehltes Brett setzen, mit

Garungszeit
ca. 15 Minuten

einem Tuch bedecken und nochmals gehen lassen, bis sich ihr Volumen fast verdoppelt hat.
In einer großen Kasserolle Salzwasser zum Kochen bringen, Knödel (in mehreren Partien) einlegen und leicht wallend mehr ziehen als kochen lassen. Dabei Deckel zuerst mit einem kleinen offenen Spalt aufsetzen. Nach 10 Minuten Deckel entfernen und die Knödel umdrehen. Nach weiteren 5 Minuten Kochzeit herausheben und sofort mit einer langen Nadel 2–3-mal stupfen (anstechen), damit sie nicht zusammenfallen. In eine mit flüssiger Butter ausgestrichene Auflaufform setzen und so lange in das leicht vorgewärmte Backrohr stellen, bis alle Knödel gegart sind. Knödel großzügig mit flüssiger Butter beträufeln und mit Mohn sowie Staubzucker bestreuen.

Powidltascherln

Zutaten für 6–8 Portionen

600 g Erdäpfel, mehlig
100 g Kartoffelstärkemehl
20 g Weizengrieß
30 g Butter, flüssig
2 Eidotter
Salz
Mehl für die Arbeitsfläche
1 Eidotter zum Bestreichen

Für die Fülle

200 g Powidl
Prise Zimtpulver
1 cl Rum

Für die Brösel

120 g Butter
170 g Semmelbrösel

Garungszeit

ca. 5 Minuten

Zubereitung

Die ungeschälten Erdäpfel in Salzwasser weich kochen. Schälen und kurz im Backrohr bei 100 °C ausdampfen lassen. Die heißen Erdäpfel durch eine Erdäpfelpresse drücken und mit Kartoffelstärkemehl, Eidottern, Grieß, Butter und einer Prise Salz rasch zu einem Teig verkneten. Den Erdäpfelteig auf einer bemehlten Arbeitsfläche etwa 4 mm dick ausrollen. Mit einem gezackten, runden Ausstecher (Ø 8 cm) Kreise ausstechen. Powidl mit Zimt und Rum verrühren und (am besten mit einem Dressiersack) etwas Fülle in die Mitte jedes Teigstücks auftragen. Die Ränder mit verquirltem Eidotter bestreichen, Teig zusammenklappen und die Ränder mit Daumen und Zeigefinger gut zusammendrücken. Salzwasser aufkochen und Powidltascherln darin etwa 5 Minuten kochen. **Für die Brösel** Butter erhitzen und die Semmelbrösel darin goldbraun rösten. Powidltascherln herausheben, abtropfen lassen und in den Bröseln wenden.

Garniturempfehlung: Vanilleeis

Mohnnudeln

Zutaten für 6 Portionen

500 g Erdäpfel, mehlig
100 g Kartoffelstärkemehl
1 Ei
Salz
80 g Butter
100 g Staubzucker
300 g Graumohn, gemahlen

Garungszeit

ca. 5 Minuten

Zubereitung

Ungeschälte Erdäpfel in Salzwasser weich kochen. Schälen und kurz im Backrohr bei 100 °C ausdampfen lassen. Die heißen Erdäpfel durch eine Erdäpfelpresse drücken und mit Kartoffelstärkemehl, Ei und einer Prise Salz rasch zu einem Teig verkneten. Zu Rollen formen, kleine Stücke abschneiden und daraus fingerdicke, etwa 7 cm lange Nudeln formen. Salzwasser aufkochen und die Nudeln darin 5 Minuten ziehen lassen. Butter schmelzen lassen, Nudeln herausnehmen, abtropfen lassen und in der Butter schwenken. Auf Tellern anrichten und mit Mohn und Staubzucker dicht bestreuen.

„Mohnzuzel" für Erwachsene

Bei den alten Ägyptern galt Mohn noch als Heilmittel, doch die Chinesen haben seinen Ruf ein für allemal ruiniert, indem sie das darin enthaltene Opium als Rauschgift entdeckten. Diese rauschhaften Wirkungen des Mohns wurden hierzulande allerdings ausschließlich für eine pädagogisch zugegebenermaßen etwas umstrittene Form der Beruhigung von Kleinkindern genutzt. Mithilfe von Mohn und Honig stellte man nämlich – vor allem in bäuerlichen Gegenden – einen „Mohnzuzel" her, der auf die lieben Kleinen eine wundersam beruhigende Wirkung auszuüben schien, während die Eltern auf dem Feld in Ruhe arbeiten konnten.
Im Übrigen wurde Mohnöl im kirchlichen Jahreskreis auch für die Erhaltung des „Ewigen Lichts" an den Altären verwendet. Die Produktion von Opium überließ man lieber dem Orient. Durch diese insgesamt eher harmlose Nutzung der Freuden des Mohns ist Österreich heute eines der wenigen Länder, in denen Mohn (vor allem im Waldviertel) straflos angebaut werden darf. Das muss er auch, da sonst wohl eine ganze Fülle süßer Mohnrezepte vom Aussterben bedroht wäre.
Der Zwettler Mohn hat in den 30er-Jahren sogar an der Londoner Börse notiert. Es besteht also durchaus Hoffnung, dass unsere, zur Zeit wieder einmal notorisch konjunkturgeschwächte, Wirtschaft eines Tages vielleicht doch noch am heimischen Mohn genesen könnte.

Nussfleckerln

Zutaten für 6–8 Portionen
500 g Mehl
4 Eier
Prise Salz
2 EL Wasser, lauwarm
Mehl für die Arbeitsfläche
etwas Schmalz

Für die Crememasse
3 Eidotter
50 g Staubzucker
10 g Vanillezucker
50 g Rosinen
Schale von 1 Zitrone, abgerieben
3 Eiklar
50 g Kristallzucker

Für die Nussmasse
250 ml Milch
100 g Kristallzucker
150 g Walnüsse, gerieben
Prise Zimt

Garungszeit
1–2 Minuten für die Fleckerln
Backzeit
ca. 20 Minuten
Backtemperatur
180 °C

Zubereitung
Mehl mit Eiern und Salz verkneten, nach und nach lauwarmes Wasser zugeben und zu einem schönen glatten Teig verarbeiten. Bei Bedarf noch etwas Mehl zugeben. In Folie wickeln und 30 Minuten rasten lassen. Nudelteig auf einer bemehlten Arbeitsfläche etwa 2 mm dick ausrollen. In 5 cm breite Streifen schneiden, übereinander legen und abermals in 1–2 cm breite Streifen schneiden. Nun von diesen Streifen kleine Quadrate (Fleckerln) abschneiden. Salzwasser aufkochen und Fleckerln darin 1–2 Minuten kochen lassen. Abgießen, mit kaltem Wasser abschrecken und abtropfen lassen. Kurz in etwas heißem Schmalz wenden, damit sie nicht zusammenkleben. **Für die Crememasse** Eidotter mit Staub- und Vanillezucker verrühren. Eiklar mit Kristallzucker zu Schnee schlagen und unter die Eidottermasse heben. Rosinen und Zitronenschale zugeben. Die Fleckerln mit der Crememasse vermengen. **Für die Nussmasse** Milch mit Zucker und Zimt aufkochen lassen, Nüsse einstreuen. Die Hälfte der Fleckerln in eine gefettete Auflaufform füllen. Nussmasse darauf auftragen und mit restlichen Fleckerln bedecken. Im vorgeheizten Backrohr bei 180 °C etwa 20 Minuten backen. In gleichmäßige Stücke schneiden und servieren.

Topfennockerln

Zutaten

600 g Topfen
50 g Butter
3 Eier
Schale und Saft von
1 Zitrone
1 cl Rum
40 g Staubzucker
130 g Weißbrotbrösel
Prise Salz

Für die Butterbrösel

100 g Butter
100 g Semmelbrösel
70 g Kristallzucker
1 TL Zimt

Garungszeit

ca. 8 Minuten

Zubereitung

Topfen mit einem sauberen Tuch gut ausdrücken und anschließend passieren. Butter mit Staubzucker schaumig rühren, Topfen und Eier einrühren. Mit Zitronensaft und -schale sowie Rum aromatisieren. Abschließend die Weißbrotbrösel unterheben und den Teig 2 Stunden rasten lassen. Leicht gesalzenes Wasser zum Kochen bringen, aus der Topfenmasse mit einem Esslöffel Nocken formen und diese im Wasser etwa 8 Minuten ziehen lassen.

Für die Butterbrösel Butter zerlassen. Brösel und Zucker darin goldbraun rösten und mit Zimt aromatisieren. Topfennockerln aus dem Wasser heben, gut abtropfen lassen und in den Bröseln wälzen.

Grießnockerln mit Rhabarber-Erdbeer-Ragout

Zutaten

2 Semmeln, altbacken
125 ml Milch
40 g Butter
1 Ei
1 Eidotter
Schale von ½ Zitrone, abgerieben
Prise Salz
Prise Zimt
80 g Hartweizengrieß (oder Weizengrieß)
Staubzucker zum Bestreuen

Für das Rhabarber-Erdbeer-Ragout

300 g Rhabarber
500 ml Riesling (oder anderer Weißwein)
120 g Kristallzucker
Mark von ½ Vanilleschote
2 EL Maisstärke (Maizena)
200 g Erdbeeren
Minze, in feine Streifen geschnitten

Für die Zimtbrösel

ca. 70 g Butter
100 g Semmelbrösel
Prise Zimt

Zubereitung

Semmeln entrinden, in kleine Würfel schneiden und in Milch einweichen. Butter schaumig rühren, Semmeln gut ausdrücken und passieren. Semmelmasse gemeinsam mit Ei und Eidotter zur Butter geben und alles gut verrühren. Zitronenschale, Salz, Zimt und Grieß einmengen, gut vermischen und 30 Minuten rasten lassen.

Für das Rhabarber-Erdbeer-Ragout

Rhabarber waschen, schälen (Schale aufbewahren) und in mundgerechte Stücke schneiden. Die Schalen mit Wein und Kristallzucker aufkochen und durch ein feines Sieb seihen. Den Sud mit Vanillemark nochmals aufkochen lassen. Maisstärke mit etwas Wasser anrühren und den Sud damit binden. Rhabarber zugeben und etwa 1 Minute leicht köcheln lassen. Vom Herd nehmen und abkühlen lassen. Gewaschene Erdbeeren vierteln und gemeinsam mit den Minzestreifen unter den abgekühlten Rhabarber mischen.

Leicht gesalzenes Wasser aufkochen. Aus der Grießmasse mit einem Löffel Nockerln formen und 12–15 Minuten leicht wallend eher ziehen als kochen lassen. **Für die Zimtbrösel** Butter erhitzen und Semmelbrösel sowie Zimt darin goldbraun rösten.

Garungszeit
12–15 Minuten

Nockerln herausheben, abtropfen lassen und in den Bröseln wälzen. Rhabarber-Erdbeer-Ragout auf Teller verteilen, Nockerln darauf anrichten und mit Staubzucker bestreuen.

Schneenockerln

Zutaten für 8 Portionen
8 Eiklar
160 g Kristallzucker
750 ml Milch
Mark von ½ Vanilleschote
10 g Vanillezucker

Garungszeit
ca. 4 Minuten

Zubereitung
Eiklar aufschlagen und mit Kristallzucker zu festem Schnee ausschlagen. Milch mit Vanillemark und Vanillezucker zum Kochen bringen. Aus der Schneemasse mit einem Esslöffel Nockerln abstechen, in die kochende Milch einlegen und 2 Minuten ziehen lassen. Umdrehen und weitere 2 Minuten bei reduzierter Hitze ziehen lassen. Die Nockerln aus der Milch heben und abtropfen lassen.

Garniturempfehlung: Vanillesauce (s. S. 185)

Schwimmende Inseln in Vogelmilch
Die Schneenockerln sind ein Gericht, das in vielen Ländern unter verschiedenen Namen auftaucht. Die Zubereitungsweisen differieren zwar von Land zu Land geringfügig. Doch immer geht es um luftige Ballen aus Eischnee, die auf süßer Vanillesauce, mehr oder weniger schwimmend, angerichtet werden. In Frankreich spricht man daher von „îles flottantes“ – schwimmenden Inseln –, während sich in Siebenbürgen ein sehr ähnliches Gericht größter Beliebtheit erfreut, das „Vogelmilch“ heißt. Und da in Wien die Schneenockerln nicht selten mit „Kanarimilch“, einer dünnen Vanillesauce, angerichtet werden, schließt sich der süße Kreis ganz im Sinne einer kulinarischen Osterweiterung.

Biskuitomelett

Zutaten

3 Eidotter
Schale von ½ Zitrone, abgerieben
10 g Vanillezucker
6 Eiklar
100 g Kristallzucker
40 g Mehl
40 g Butter, geschmolzen
Butter zum Backen
2 EL Marillenmarmelade
zum Garnieren Früchte nach Belieben (etwa Erdbeeren, Orangenfilets oder Kiwischeiben)

Backzeit

ca. 10 Minuten

Backtemperatur

200 °C

Zubereitung

Eidotter mit Zitronenschale und Vanillezucker gut verrühren. Eiklar aufschlagen und mit Kristallzucker zu Schnee ausschlagen. Schnee vorsichtig unter die Eidottermasse heben. Mehl darüber sieben und langsam einmelieren (vorsichtig vermischen). Abschließend die heiße, braune Butter unterrühren. In einer Pfanne etwas Butter zerlassen und je nach Belieben Masse für eine große oder zwei bzw. vier kleinere Omeletten eingießen. Mit einer Palette (oder Spachtel) oben glatt streichen. Etwa 1 Minute am Herd stocken lassen und dann im vorgeheizten Backrohr bei 200 °C ca. 10 Minuten fertig backen. Biskuitomelette noch in der Pfanne mit Marillenmarmelade bestreichen und zusammenklappen. Dann auf einen Teller oder Platte gleiten lassen und nach Belieben mit den Früchten garnieren.

Variante I

Schönbrunner Omeletten werden nach dem gleichen Rezept zubereitet, allerdings mit Kompottfrüchten gefüllt.

Variante II

Die klassische Füllung für Omelette Stéphanie besteht aus Walderdbeeren, Ananas und Birne.

Variante III

Marillenomeletten werden nicht nur mit Marillenmarmelade bestrichen, sondern zusätzlich noch mit eingelegten Marillen (s. S. 91) und Rosinen gefüllt, wozu Vanillesauce (s. S. 185) übrigens ganz hervorragend passt.

Marillenpalatschinken

Zutaten

für 8 Stück

Palatschinkenteig (s. S. 13)
Marillenmarmelade
Rum
Staubzucker zum Bestreuen

Zubereitung

Acht Palatschinken nach Anleitung backen. Die Marillenmarmelade mit etwas Rum erwärmen und die Palatschinken damit bestreichen. Zusammenrollen und vor dem Servieren mit Staubzucker bestreuen.

Orangenpalatschinken

Zutaten
für 8 Stück
Palatschinkenteig (s. S. 13)
Öl für das Pergamentpapier
Staubzucker zum Bestreuen

Für die Fülle
20 g Zucker
1 cl Wasser
60 g Kürbiskerne
½ TL Vanillezucker
10 g Butter
100 ml Schlagobers, geschlagen
2 cl Rum
20 g Staubzucker
3 Orangen, geschält und filetiert

Zubereitung
Acht Palatschinken nach Anleitung backen. **Für die Fülle** Zucker mit Wasser in einer Kasserolle zu hellem Karamell kochen. Vom Herd nehmen, Kürbiskerne untermischen und mit Vanillezucker sowie Butter gut vermengen. Masse auf ein geöltes Pergamentpapier streichen, auskühlen lassen und dann mit einem Nudelholz zerkleinern. Geschlagenes Obers mit Rum und Staubzucker vermengen und auf die vorbereiteten Palatschinken streichen. Kürbiskernkrokant und Orangenfilets darauf verteilen und Palatschinken einrollen. Vor dem Servieren mit Staubzucker bestreuen.

Vanillepalatschinken

Zutaten
für 8 Stück
Palatschinkenteig (s. S. 13)
Staubzucker zum Bestreuen
Butter für die Form

Für die Fülle
50 ml Schlagobers
4 Eidotter
60 g Kristallzucker
1 Vanilleschote
10 g Vanillezucker

Für den Eischnee
4 Eiklar
30 g Kristallzucker

Backzeit
einige Minuten
Backtemperatur
180 °C

Zubereitung
Acht Palatschinken nach Anleitung backen. Schlagobers, Kristall und Vanillezucker sowie die halbierte Vanilleschote aufkochen lassen. Eidotter verrühren, heißes Obers vom Herd nehmen und in die Dotter einrühren. Nochmals unter ständigem Rühren kurz aufkochen lassen. Durch ein Sieb seihen, durchrühren und erkalten lassen. **Für den Eischnee** Eiklar mit Zucker steif schlagen und unter die Vanillemasse heben. Palatschinken mit der Vanillemasse füllen, zusammenrollen, Enden einschlagen, mit Staubzucker bestreuen und in eine gefettete Auflaufform setzen. Im vorgeheizten Backrohr bei 180 °C einige Minuten leicht überbacken.

Garniturempfehlung: Vanillesauce (s. S. 185)

Buchteln mit Vanillesauce

Zutaten für 6 Portionen

125 g Mehl, glatt
125 g Mehl, griffig
1 Ei
4 cl Öl
125 ml Milch, lauwarm
15 g Germ
25 g Staubzucker
Prise Salz
150 g Marillenmarmelade
1 cl Rum
ca. 100 g Butter, flüssig, zum Bestreichen
500 ml Vanillesauce (s. S. 185)
Staubzucker zum Bestreuen

Zubereitung

Für den Germteig griffiges und glattes Mehl vermischen. In einer Schüssel lauwarme Milch mit zerbröckelter Germ verrühren. Die Hälfte des Mehls einrühren, etwas Mehl darüber stauben und das Dampfl mit einem Tuch zugedeckt an einem warmen Ort ca. 30 Minuten gehen lassen. Dann restliches Mehl, Salz, Ei, Zucker und Öl mit einem Kochlöffel unter das Dampfl schlagen, bis sich der Teig vom Schüsselrand löst. Zugedeckt nochmals 20 Minuten an einem warmen Ort gehen lassen. Germteig ca. 1 cm dick ausrollen

Backzeit
ca. 30 Minuten
Backtemperatur
180 °C

und mit einem runden Ausstecher (Ø 6 cm) Kreise ausstechen. Marillenmarmelade mit Rum verrühren und jeweils einen Kaffeelöffel davon auf die Kreise geben. Teig zusammenschlagen, das zusammengeschlagene Ende in flüssige Butter tauchen und Buchteln mit der Teignaht nach unten in eine befettete Ofenpfanne setzen. Buchteln nochmals für etwa 20 Minuten aufgehen lassen. Mit flüssiger Butter bestreichen und im vorgeheizten Backrohr bei 180 °C etwa 30 Minuten backen. Währenddessen die Vanillesauce nach Anleitung zubereiten. Buchteln vor dem Servieren mit Staubzucker bestreuen und mit der warmen Vanillesauce anrichten.

Klassische Vanillesauce

Zutaten

Variante I
6 Eidotter
100 g Kristallzucker
500 ml Milch
½ Vanilleschote

Variante II
500 ml Milch
60 g Zucker
½ Vanilleschote
10 g Vanillepuddingpulver
2 Eidotter

Zubereitung

Variante I
Eidotter und Zucker mit dem Schneebesen cremig rühren. Milch und Vanilleschote zugeben und über Wasserdampf langsam erhitzen, bis die Eidotter der Vanillesauce Bindung geben. Vanilleschote herausnehmen, das Mark auskratzen, zugeben und die Sauce kalt rühren. Vorsicht: Nicht überhitzen, sonst flockt das Eigelb aus!

Variante II

Puddingpulver mit 2–3 EL Milch und Eidottern verrühren. Restliche Milch mit Zucker und Vanilleschote zum Kochen bringen. Vanilleschote herausnehmen, Mark abstreifen und zugeben. Die Puddingmischung unter kräftigem Rühren in die Sauce einmengen. Aufwallen lassen und dann kalt rühren.

Sauerrahmdalken mit Beeren

Zutaten für 6–8 Portionen

500 g Beeren
2 cl Grand Marnier und etwas Staubzucker zum Marinieren
250 ml Sauerrahm
200 g Mehl
7 Eidotter
Prise Salz
Prise Vanillezucker
Zitronenschale, gerieben
7 Eiklar
100 g Kristallzucker
Butter zum Herausbacken
Staubzucker zum Bestreuen

Für die Topfensauce

150 g Topfen
2 Eidotter
50 g Staubzucker
1 ½ EL Sauerrahm
1 cl Rum
Schale von ½ Zitrone, gerieben
125 ml Obers

Zubereitung

Beeren waschen und mit Grand Marnier sowie Staubzucker marinieren. Sauerrahm, Salz, Eidotter, Vanillezucker und Zitronenschale verrühren. Eiklar zu schlagen beginnen und mit Kristallzucker zu Schnee ausschlagen. Schnee und Mehl unter die Dottermasse heben. Eine Dalkenpfanne mit Butter ausstreichen, auf den Herd setzen, Teig bei mäßiger Hitze eingießen und die Dalken unter einmaligem Wenden herausbacken.

Für die Topfensauce den Topfen passieren, mit Dottern, Staubzucker, Sauerrahm, Rum und Zitronenschale verrühren. Abschließend das geschlagene Obers unterziehen. Jeweils einen fertig gebackenen Dalken auf einem Teller anrichten, Beeren darauf verteilen und mit Topfensauce überziehen. Einen weiteren Dalken darauf setzen und mit Staubzucker bestreuen.

Böhmische Dalken

Zutaten für 4–6 Portionen

125 g Mehl
10 g Germ
40 g Kristallzucker
Prise Salz
15 g Butter
250 ml Milch, lauwarm
1 Ei
1 Eidotter
2 Eiklar
Butter für die Pfanne
250 g Preiselbeerkompott laut Grundrezept (s. S. 105)
Staubzucker zum Bestreuen

Für die Topfencreme

300 g Topfen
1 Ei
80 g Kristallzucker
Schale von 1 Orange, abgerieben
1 EL Rosinen
1 Eiklar
1 EL Kristallzucker für den Schnee

Garungszeit

ca. 6 Minuten

Zubereitung

Mehl in eine Schüssel geben. Germ in etwas lauwarmer Milch auflösen, in das Mehl einrühren und 10 Minuten rasten lassen. Salz, zerlassene Butter, restliche Milch, Ei, Eidotter und 1 EL (!) Zucker mit dem Dampfl verrühren und abermals 1 Stunde rasten lassen. Eiklar mit restlichem Zucker zu Schnee schlagen und unter die Dalkenmasse heben.
Für die Topfencreme Topfen, Ei, Kristallzucker, Orangenschale und Rosinen verrühren. Eiklar mit Zucker zu Schnee schlagen und unterheben.
Eine Dalken- oder Spiegeleierpfanne ausfetten. Dalkenteig bei mäßiger Hitze in die Vertiefungen füllen und etwa 3 Minuten von jeder Seite hellbraun backen. Je zwei Dalken auf einem Teller anrichten, darauf jeweils einen Löffel Preiselbeerkompott bzw. Topfencreme geben und mit Dalken bedecken. Mit Staubzucker bestreut servieren.

Tipp: Steht Ihnen keine Dalkenpfanne zur Verfügung, so lassen sich Dalken auch in einer normalen Pfanne backen, indem man den Teig in Spiegeleierringe (etwa Ø 6 cm) eingießt.

Gebackene Apfelspalten

Zutaten für 8 Portionen

8 Äpfel, möglichst mürbe
Saft von 2 Zitronen
2 EL Rum
100 g Staubzucker
Sonnenblumenöl zum Backen
Staubzucker und Zimt zum Bestreuen

Zubereitung

Äpfel schälen, mit einem Apfelausstecher die Kerngehäuse entfernen und Äpfel in 1 cm dicke Scheiben schneiden. Mit Zitronensaft und Rum beträufeln und mit Staubzucker bestreuen. Für den Backteig Mehl, Wein, Öl, Eidotter und Salz zu einem glatten Teig verrühren. Eiklar mit Kristallzucker zu Schnee schlagen und unter den Teig heben. Ausreichend viel Öl erhitzen. Apfelscheiben durch den Backteig ziehen und in heißem Öl auf beiden Seiten goldbraun backen. Herausheben, auf Küchenkrepp gut

Für den Backteig
350 g Mehl
375 ml Weißwein
50 ml Öl
3 Eidotter
Prise Salz
3 Eiklar
30 g Kristallzucker

abtropfen lassen und mit einer Zimt-Staubzucker-Mischung bestreuen.

Garniturempfehlung: Vanillesauce (s. S. 185) oder Vanilleeis

Schlosserbuben

Zutaten für 12–15 Portionen
60 Dörrzwetschken, möglichst groß
60 Mandeln, geschält
350 g Mehl
375 ml Wein
50 ml Öl
3 Eidotter
Prise Salz
3 Eiklar
30 g Kristallzucker
Sonnenblumenöl zum Backen
Staubzucker und Kakaopulver zum Bestreuen

Zubereitung
Dörrzwetschken ½ Stunde in kaltem Wasser einweichen. Herausnehmen, abtropfen lassen und an Stelle des Kerns eine geschälte Mandel hineindrücken. Für den Backteig Mehl, Wein, Öl, Eidotter und Salz zu einem glatten Teig verrühren. Eiklar mit Kristallzucker zu Schnee schlagen und unter den Teig heben. In einer Pfanne ausreichend viel Öl erhitzen. Dörrzwetschken durch den Backteig ziehen und im heißen Öl rundum goldbraun backen. Herausheben und auf Küchenkrepp gut abtropfen lassen. Mit Staubzucker und Kakaopulver bestreuen.

Garniturempfehlung: Vanillesauce (s. S. 185)

Wäschermädeln

Zutaten für 10 Portionen

20 Marillen
200 g Marzipanrohmasse
100 ml Marillenlikör
350 g Mehl
375 ml Wein
50 ml Öl
3 Eidotter
Prise Salz
3 Eiklar
30 g Kristallzucker
Sonnenblumenöl zum Backen
Staubzucker

Zubereitung

Marillen halbieren und entkernen. Mit Marillenlikör beträufeln, mit Staubzucker bestreuen und kurz ziehen lassen. Aus der Marzipanrohmasse kleine Knödel formen und diese an Stelle des Kerns setzen. Marillen wieder zusammensetzen. Für den Backteig Mehl, Wein, Öl, Eidotter und Salz zu einem glatten Teig verrühren. Eiklar mit Kristallzucker zu Schnee schlagen und unter den Teig heben. In einer tiefen Pfanne ausreichend viel Öl erhitzen. Marillen durch den Backteig ziehen und im heißen Öl rundum goldbraun backen. Herausheben, auf Küchenkrepp abtropfen lassen und mit Staubzucker bestreuen.

Garniturempfehlung: Vanillesauce (s. S. 185)

Tipp: Um sicher zu gehen, dass die Marillenhälften auch wirklich aneinander haften bleiben, können sie mit Zahnstochern fixiert werden. Die Marillen können allerdings auch nur an einer Seite vorsichtig eingeschnitten werden, damit man den Kern herauslösen kann.

Arme Ritter

Zutaten für 6 Portionen

6 Stk. Briochegebäck, altbacken
3 Eidotter
125 ml Milch
20 g Vanillezucker
50 g Kristallzucker
2 cl Rum
3 Eiklar
100 g Dörrzwetschken, gehackt
100 g Preiselbeerkompott (s. S. 105)
½ TL Zimt und Staubzucker zum Bestreuen
Öl zum Backen

Zubereitung

Briochegebäck mit einer Reibe entrinden, Brösel zum Panieren beiseite stellen. Milch mit Eidottern, Vanille- und Kristallzucker sowie Rum verrühren, über die Brioches gießen und diese weich werden lassen.
Nach etwa 15 Minuten Brioches ausdrücken, bis zur Mitte einschneiden und mit gehackten Dörrzwetschken und Preiselbeerkompott füllen.
Die Brioches zu Knödeln formen.
Eiklar leicht verschlagen, Briocheknödel durchziehen und in den bereitgestellten Bröseln wälzen. Öl in einer Pfanne erhitzen und die Armen Ritter darin beidseitig goldgelb backen.
Aus dem Fett heben und auf Küchenpapier gut abtropfen lassen. Zimt und Staubzucker vermengen. Die Armen Ritter auf Teller setzen und mit Zimtzucker bestreuen.

Gebackene Holunderblüten

Zutaten für 10 Portionen

20 Holunderblüten
350 g Mehl
375 ml Weißwein
50 ml Öl
3 Eidotter
Prise Salz
3 Eiklar
30 g Kristallzucker
Sonnenblumenöl zum Backen
Staubzucker und Zimt zum Bestreuen

Zubereitung

Holunderblüten unter fließendem kaltem Wasser waschen und auf Küchenpapier abtropfen lassen.
Für den Backteig Mehl, Weißwein, Öl, Eidotter und Salz zu einem glatten Teig verrühren. Eiklar mit Kristallzucker zu Schnee schlagen und unter den Teig heben. Ausreichend viel Öl erhitzen. Hollerblüten durch den Backteig ziehen, Teig ablaufen lassen und sofort im heißen Öl rundum goldgelb backen. Herausheben, auf Küchenkrepp abtropfen lassen und mit einer Mischung aus Zimt und Staubzucker bestreuen.

Garniturempfehlung: Vanillesauce (s. S. 185)

Marillenpofesen mit Honigobers

Zutaten
4 Stk. Briochegebäck, altbacken
2 Marillen, entkernt und feinwürfelig geschnitten
Marillenmarmelade
Öl zum Ausbacken
Staubzucker zum Bestreuen

Für die Vanillemilch
125 ml Milch
1 Ei
Prise Vanillezucker

Für das Honigobers
3 EL Schlagobers, geschlagen
½ EL Honig

Zubereitung
Für das Honigobers geschlagenes Obers mit flüssigem Honig verrühren und kalt stellen. Briochegebäck mit einer Reibe entrinden, Brösel zum Panieren beiseite stellen. Brioche halbieren, mit etwas Marillenmarmelade bestreichen und mit Marillenwürfeln füllen. Gebäck wieder zusammensetzen. **Für die Vanillemilch** alle Zutaten miteinander verschlagen. Brioche von beiden Seiten eintunken, in Briochebröseln wälzen und in heißem Öl beidseitig goldbraun backen. Aus dem Fett heben und auf Küchenpapier gut abtropfen lassen. Pofesen auf Tellern anrichten und mit Honigobers garnieren. Vor dem Servieren mit Staubzucker bestreuen.
Tipp: Pofesen lassen sich auch aus frischem Briochegebäck zubereiten. In diesem Fall ist allerdings weniger Milch nötig, da frisches Briochegebäck nicht so viel Flüssigkeit aufnehmen kann.

Tiroler Mohnpingl mit weißer Schokoladesauce

Zutaten

125 ml Weißwein
120 g Mehl
3 Eidotter
Prise Salz
3 Eiklar
20 g Kristallzucker
Weiße Schokoladesauce laut Grundrezept (s. S. 194)
Himbeeren zum Garnieren
Staubzucker zum Bestreuen
Sonnenblumenöl zum Backen

Für die Mohnkugeln

60 g Graumohn, gemahlen
100 g Powidl
Prise Vanillezucker
10 g Staubzucker
1 EL Rum

Zubereitung

Alle Zutaten für die **Mohnkugeln** miteinander vermengen und 5 Minuten ziehen lassen. Aus der Masse 12 gleich große Kugeln formen und für kurze Zeit kühl stellen. **Für den Backteig** Weißwein, Mehl, Eidotter und Salz zu einem glatten Teig verrühren. Eiklar mit Kristallzucker zu Schnee schlagen und vorsichtig unter die Eidottermasse heben.
In einer Pfanne ausreichend viel Öl erhitzen. Die Mohnpingl in Backteig wenden und im heißen Öl rundum goldbraun backen. Herausheben und auf Küchenkrepp gut abtropfen lassen. Nach Anleitung zubereitete **weiße Schokoladesauce** in Teller gießen und jeweils 3 Mohnpingl in die Mitte setzen. Mit frischen Himbeeren garnieren und mit Staubzucker bestreuen.

➛ Weiße Schokoladesauce

Zutaten

200 g Kuvertüre, weiß
150 ml Schlagobers
60 ml Milch
2 cl Grand Marnier

Zubereitung

Die Kuvertüre hacken und in einem Schneekessel über Dampf schmelzen. Vorsicht, nicht überhitzen!
Mit Schlagobers, Milch und Grand Marnier verrühren.

Die süße Vollwertküche

Johannisbeermuffins ▹ S. 201

Vollwertgebäck

Die zehn Gebote des gesunden Backens

1. Ersetzen Sie raffinierten (also weißen) Rohr- oder Rübenzucker wenn möglich durch naturbelassene Sirupe (z. B. Birnendicksaft, Rübensirup, Gerstenmalz etc.) oder Bauernhonig. In manchen Fällen (z. B. beim Staubzucker oder beim Kristallzucker zum Schneeschlagen) ist die „konventionelle" Lösung allerdings effizienter.
2. Versuchen Sie, die nötige Süße auf möglichst natürliche Weise – etwa durch die Verwendung von viel Obst oder Trockenfrüchten und nicht durch Zucker – in Ihre Mehlspeisen zu bringen.
3. Ersetzen Sie künstliche Süßstoffe durch Ahornsirup.
4. Ersetzen Sie Weißmehle oder Graumehle (Auszugsmehle) durch möglichst frisch vermahlene Vollwertmehle.
5. Ersetzen Sie tierische Fette wie Butter oder Butterschmalz durch Pflanzenfette und ungehärtete Pflanzenmargarinen. Verwenden Sie statt Gelatine wenn möglich Agar-Agar-Pulver.
6. Verzichten Sie so weit wie möglich auf chemische bzw. industriell vorgefertigte Backhilfen, Lebensmittelfarben und künstliche Aromen. Verwenden Sie Naturbackpulver!
7. Verwenden Sie statt Semmel- oder Biskuitbröseln Graham- oder andere Vollwertbrösel. Viele Teige werden auch durch die (Mit-) Verwendung von Getreideflocken besonders „crunchy".
8. Ziehen Sie Magertopfen fetthaltigerem Topfen vor!
9. Verwenden Sie bei Obstmehlspeisen möglichst Gartenfrüchte aus biologischer Zucht und vermeiden Sie allzu langes Erhitzen derselben, da dies die biologische Qualität der Produkte beeinträchtigt.
10. Achten Sie bei der Verwendung von Rosinen und Trockenfrüchten darauf, dass diese möglichst ungeschwefelt sind.

Vollkorn-Zimtsterne

Zutaten
125 g Vollkorn-Haferflocken
50 g Weizenvollkornmehl
75 g Honig
25 g Mandeln, gerieben
125 g Butter oder ungehärtete Pflanzenmargarine
1 TL Zimt, gemahlen Schale von 1 Zitrone, abgerieben
Vollkornmehl für die Arbeitsfläche
Butter oder ungehärtete Pflanzenmargarine für das Blech

Für die Glasur
4 EL Kokosflocken
2 EL Pfeilwurzelmehl
1 EL Milch
1 EL Honig

Backzeit
ca. 10 Minuten
Backtemperatur
180 °C

Zubereitung
Ein Viertel der Haferflocken in einer Pfanne leicht anrösten und auskühlen lassen. Die gesamten Haferflocken mit Mehl, Mandeln, Honig, Butter, Zimt und Zitronenschale verkneten. Im Kühlschrank 20 Minuten rasten lassen. **Für die Glasur** Kokosflocken in der Küchenmaschine mixen, so dass Kokosmehl entsteht. Dieses Mehl mit Pfeilwurzelmehl, Milch und Honig verrühren. Den Teig auf einer bemehlten Arbeitsfläche 5 mm dick ausrollen. Sterne ausstechen und mit der vorbereiteten Glasur bestreichen. Auf ein gefettetes Backblech geben und im vorgeheizten Backrohr bei 180 °C etwa 10 Minuten backen.

Vollkorn-Vanillekipferln

Zutaten
150 g Weizenvollkornmehl
150 g Mandeln, gerieben
150 g Butter oder ungehärtete Pflanzenmargarine, kühlschrankkalt
70 g Roh-Rohrzucker (Rapadura)
1 Vanilleschote
2 Eidotter
Mit Vanillemark vermengter Staubzucker zum Bestreuen

Backzeit
10–15 Minuten

Backtemperatur
170 °C

Zubereitung
Mehl und Mandeln vermischen. Vanilleschote der Länge nach aufschneiden und das Mark herauskratzen. Kalte Butter in kleine Stücke schneiden und mit der Mehl-Mandel-Mischung verbröseln. Zucker, Vanillemark und Dotter zugeben und rasch zu einem glatten Teig verkneten.
Im Kühlschrank etwa 10 Minuten rasten lassen. Den Teig zu einer Rolle formen, davon ca. 10 g schwere Stückchen abschneiden und zu kleinen Kipferln formen. Diese auf ein mit Backpapier ausgelegtes Backblech legen und im vorgeheizten Backrohr bei 170 °C 10–15 Minuten hell backen. Kipferln aus dem Rohr nehmen und noch warm (vorsichtig!) mit Vanillezucker bestreuen.

Tipp: Da die warmen Kipferln sehr leicht brechen, ist es ratsam, die Kipferln am besten samt Papier vom Blech zu ziehen und sie zunächst etwas auskühlen zu lassen.

Weizenvollkornbuchteln

Zutaten für 10–12 Portionen

500 g Weizenvollkornmehl
300 ml Milch
40 g Germ
Prise Salz oder Vollsalz
100 g Butter oder ungehärtete Pflanzenmargarine, zimmerwarm
100 g Honig
3 Eidotter
Schale von 1 Zitrone, abgerieben
Mehl für die Arbeitsfläche
Zwetschkenmarmelade zum Füllen
Butter oder ungehärtete Pflanzenmargarine zum Bestreichen

Backzeit
30 Minuten
Backtemperatur
190 °C

Zubereitung

200 ml (!) Milch leicht erwärmen und mit Germ und ca. 200 g Weizenvollkornmehl verrühren. Dampfl an einem warmen Ort zugedeckt 20 Minuten aufgehen lassen. Restliche Milch ebenfalls erwärmen und mit dem restlichen Mehl und Honig vermischen. Mit dem Dampfl verkneten, dann Eidotter, Salz oder Vollsalz, Zitronenschale und zimmerwarme Butter einrühren. Den Teig gut abschlagen und zugedeckt an einem warmen Ort 30 Minuten aufgehen lassen. Abermals kräftig abschlagen und wiederum 30 Minuten gehen lassen. Den Teig auf einer bemehlten Arbeitsfläche ausrollen und runde Kreise von ca. 10 cm Durchmesser ausstechen. Etwas Zwetschkenmarmelade jeweils auf die Kreise setzen und den Teigrand darüber zusammenschlagen. Eine Backform mit zerlassener Butter ausfetten und die Buchteln dicht nebeneinander mit der geschlossenen Seite nach oben einlegen. Mit zerlassener Butter bestreichen, nochmals 30 Minuten gehen lassen und im vorgeheizten Backrohr bei 190 °C ca. 30 Minuten backen.

Tipp: Buchteln können nicht nur kalt angeboten werden, sondern geben auch eine köstliche Hauptmahlzeit ab.

Johannisbeermuffins

Zutaten für 12–15 Muffins
380 g Weizenvollkornmehl
20 g Naturbackpulver
300 g Johannisbeeren
(schwarze Ribiseln)
3 Eier
220 g brauner Zucker
220 g Butter oder
ungehärtete Pflanzenmargarine, flüssig
20 g mit Vanillemark
vermengter Staubzucker
400 ml Magerjoghurt
Butter oder ungehärtete
Pflanzenmargarine für
die Formen
Staubzucker zum Bestreuen

Zubereitung
Mehl mit Backpulver vermengen. Eier leicht verschlagen, Zucker, flüssige Butter und Vanillezucker zugeben. Joghurt einrühren. Gewaschene, gerebelte Johannisbeeren und Mehl unterheben. Den Teig in gebutterte Muffinformen füllen und im vorgeheizten Backrohr bei 180 °C 25 Minuten backen. Muffins in den Formen noch 5 Minuten ruhen lassen, dann mit Staubzucker bestreut servieren.

Backzeit
25 Minuten
Backtemperatur
180 °C

Topfenkolatschen (Vollwert)

Zutaten

Für den Germteig

350 g Weizenvollkornmehl
Schale von ½ Zitrone, abgerieben
170 ml Wasser, lauwarm
2 EL Sojamehl
20 g Germ
70 g Honig
Prise Salz oder Vollsalz
2 Eidotter
40 g Butter oder ungehärtete Pflanzenmargarine
Mehl für die Arbeitsfläche
Butter oder ungehärtete Pflanzenmargarine für das Backblech

Für die Fülle

30 g Butter oder ungehärtete Pflanzenmargarine
2 EL Honig
Mark von 1 Vanilleschote
1 Ei
1 EL Weinbrand
250 g Magertopfen
30 g Rosinen

Backzeit
15 Minuten
Backtemperatur
200 °C

Zubereitung

Für den Germteig alle Zutaten außer Mehl und Butter mit lauwarmem Wasser verrühren. Mehl einrühren, Butter zufügen und alles gründlich durchkneten. Den Teig zugedeckt an einem warmen Ort auf die doppelte Höhe aufgehen lassen, nochmals zusammenschlagen und abermals 10 Minuten gehen lassen.
Für die Fülle Butter mit Honig und Vanillemark gut verrühren (abtreiben). Dann Topfen, Ei und Weinbrand einrühren und Rosinen darunter mischen.
Teig nochmals kurz durchkneten, auf einer bemehlten Arbeitsfläche etwa 2 mm dick ausrollen und Quadrate von 10 cm Seitenlänge ausradeln. Die Mitte der Quadrate jeweils mit Topfenfülle belegen, die Ecken mit Wasser bestreichen und zur Mitte hin übereinander schlagen. Die Kolatschen auf ein gefettetes Backblech legen, mit etwas Wasser bepinseln und im vorgeheizten Backrohr bei 200 °C etwa 15 Minuten backen.

Vollkornbiskuitroulade

Zutaten

150 g Weizenvollkornmehl
120 g Honig
6 Eidotter
6 Eiklar
40 g Butter oder ungehärtete Pflanzenmargarine, zerlassen
Schale von 1 Zitrone, abgerieben
Prise Salz oder Vollsalz
150 g Marillenmarmelade zum Bestreichen

Backzeit
ca. 10 Minuten
Backtemperatur
210 °C

Zubereitung

Honig, Dotter sowie Zitronenschale schaumig rühren und zerlassene Butter einrühren. Weizenvollkornmehl einmelieren (behutsam einmengen). Aus Eiklar und einer Prise Salz steifen Schnee schlagen und vorsichtig unter die Masse heben. Backblech mit Backpapier auslegen und die Masse etwa 1cm hoch auftragen. Im vorgeheizten Backrohr bei 210 °C ca. 10 Minuten backen. Herausnehmen und auf ein Tuch stürzen. Das Backpapier vorsichtig abziehen. Noch warm mit dem Tuch einrollen und überkühlen lassen. Wieder aufrollen und mit der Marillenmarmelade bestreichen. Abermals zusammenrollen und überkühlen lassen.

Topfenkuchen mit Marillenröster

Zutaten

50 g Butter oder ungehärtete Pflanzenmargarine, zerlassen
Prise Salz oder Vollsalz
4 Eidotter
120 g Honig
400 g Magertopfen
15 g Weizenvollgrieß
60 g Rosinen
Saft von ½ Zitrone
4 Eiklar
20 g Kristallzucker
Butter oder ungehärtete Pflanzenmargarine und Vollkornbrösel für die Form

Für den Marillenröster

400 g Marillen, entkernt
1/16 l Wasser
Mark von 1 Vanilleschote
3 EL Honig

Backzeit
35–40 Minuten
Backtemperatur
190 °C

Zubereitung

Butter, Salz, Eidotter und Honig schaumig rühren. Topfen, Grieß, Rosinen und Zitronensaft unterrühren. Eiklar aufschlagen und mit Kristallzucker zu Schnee ausschlagen. Schnee vorsichtig unter die Masse heben. Die Masse in eine befettete und mit Vollkornbröseln bestreute Springform (Ø 28 cm) füllen und im vorgeheizten Backrohr bei 190 °C 35–40 Minuten backen. **Für den Marillenröster** die entkernten Marillen vierteln. Honig in einer Pfanne erhitzen. Marillen, Wasser und Vanillemark zugeben und Marillen weich dünsten. Fertigen Topfenkuchen überkühlen lassen und mit dem abgekühlten Marillenröster servieren.

Zwetschkenfleck

Zutaten

1,5 kg Zwetschken
200 g Butter oder ungehärtete Pflanzenmargarine
100 g Honig
300 g Weizenvollkornmehl
Vollkornmehl für die Arbeitsfläche
Butter oder Diätmargarine für das Backblech

Für den Teig

500 g Weizenvollkornmehl
2 cl Öl
Prise Salz oder Vollsalz
3 cl Wasser, lauwarm
3 Eier

Für die Topfenfülle

140 g Magertopfen
40 g Butter oder ungehärtete Pflanzenmargarine
2 KL Honig
20 g Rosinen
2 Eidotter

Backzeit
ca. 30 Minuten
Backtemperatur
170 °C

Zubereitung

Für den Teig alle Zutaten zu einem geschmeidigen Teig kneten und 30 Minuten rasten lassen. **Für die Topfenfülle** Butter mit Honig schaumig rühren. Topfen, Rosinen und Eidotter unterrühren. Den Teig auf einer bemehlten Arbeitsfläche zu einem rechteckigen Fleck in Backblechgröße ausrollen. Auf das gefettete Backblech legen und rundum einen erhöhten Teigrand formen. Teig hauchdünn mit Topfenfülle bestreichen und mit den halbierten, entsteinten Zwetschken (mit der Fruchtseite nach oben) belegen. Butter mit Honig und Weizenvollkornmehl verkneten undzwischen den Händen zu Streuseln zerbröseln. Den Zwetschkenfleck mit Streuseln bestreuen und im vorgeheizten Backrohr bei 170 °C etwa 30 Minuten backen.

Vollkorn-Buttermilch-Apfelkuchen

Zutaten

1 kg Weizenvollkornmehl
1 l Buttermilch
3 Eier
Prise Salz oder Vollsalz
20 g Naturbackpulver
200 g Haselnüsse, gehackt
200 g Rosinen
200 g brauner Zucker
10 Äpfel, geschält, entkernt und in Stücke geschnitten
6 EL Sesam zum Bestreuen
Butter oder Diätmargarine für das Backblech

Zubereitung

Alle Zutaten miteinander verrühren und zum Schluss die Apfelstücke unterheben. Teig auf ein großes gefettetes Backblech mit erhöhtem Rand (oder große Kuchenform) auftragen und mit Sesam bestreuen. Im vorgeheizten Backrohr bei 180 °C ca. 50 Minuten backen.

Backzeit: ca. 50 Minuten
Backtemperatur: 180 °C

Hirsekuchen

Zutaten

100 g Butter oder ungehärtete Pflanzenmargarine
125 g Honig
3 Eidotter
60 ml Milch
2 EL Weinbrand
100 g feines Hirsemehl
50 g Buchweizenmehl
3 Eiklar
70 g Mandeln, gehackt
Butter oder ungehärtete Pflanzenmargarine und Weizenvollkornmehl für die Form

Zubereitung

Butter, Honig und Eidotter schaumig rühren. Milch sowie Weinbrand einmengen. Hirsemehl und Buchweizenmehl miteinander versieben und Eiklar steif schlagen. Gehackte Mandeln, Mehl und Eischnee unter die Dottermasse heben. In eine befettete und bemehlte Kuchen- oder Gugelhupfform füllen und im vorgeheizten Backrohr 60 Minuten bei 180 °C backen. Überkühlen lassen und stürzen.

Backzeit: ca. 60 Minuten
Backtemperatur: 180 °C

Linzer Torte

Zutaten

300 g Weizenvollkornmehl
250 g Butter oder ungehärtete Pflanzenmargarine
200 g Honig
200 g Mandeln, gerieben
5 Eidotter
5 Eiklar
10 g Zimt, gemahlen
10 g Naturbackpulver
Schale von 1 Zitrone, abgerieben
Prise Salz oder Vollsalz
Johannisbeermarmelade
Oblaten zum Belegen
Butter oder ungehärtete Pflanzenmargarine und Vollkornmehl für die Tortenform

Backzeit
ca. 1 Stunde
Backtemperatur
180 °C

Zubereitung

Butter und Honig schaumig rühren. Dotter langsam einrühren. Vollkornmehl mit Zimt und Backpulver vermischen und mit den geriebenen Mandeln und der geriebenen Zitronenschale leicht einmelieren (vorsichtig einmengen). Eiklar mit einer Prise Salz zu steifem Schnee schlagen und vorsichtig unter die Masse heben. Eine Tortenform mit Butter ausstreichen und mit Vollkornmehl ausstäuben. Den Teig – bis auf ca. 200 g (!) – gleichmäßig einfüllen und glatt streichen. Mit Oblaten belegen, Johannisbeermarmelade aufstreichen und aus dem restlichen Teig mit einem Dressiersack ein Gitter und einen Rand spritzen. Im vorgeheizten Backrohr bei 180 °C etwa 1 Stunde backen.

Vollkorngugelhupf

Zutaten

1 kg Weizenvollkornmehl
450 ml Milch
80 g Germ
Prise Salz oder Vollsalz
300 g Honig
400 g Butter oder ungehärtete Pflanzenmargarine
200 g Rosinen
100 g Mandeln, gehackt
100 g Aranzini
6 Eier
4 Eidotter
80 ml Schlagobers
Schale von 1 Zitrone, abgerieben
200 ml Rum
Butter oder ungehärtete Pflanzenmargarine und gehobelte Mandeln für die Form

Zubereitung

Rum mit Rosinen, Mandeln und Aranzini vermischen. Lauwarme Milch mit Germ und 400 g (!) Weizenvollkornmehl verrühren und Dampfl zugedeckt an einem warmen Ort 20 Minuten gehen lassen. Butter, Honig, Eidotter und Eier schaumig schlagen. Eine Prise Salz, Schlagobers und Zitronenschale zugeben. Dampfl und Eiermischung vermengen und mit dem restlichen Mehl zu einem Teig kneten. Früchte zugeben, aber den Teig nicht mehr zu lange bearbeiten. Zugedeckt an einem warmen Ort 30 Minuten gehen lassen und dann noch einmal kräftig abschlagen. Gugelhupfform ausfetten und mit gehobelten Mandeln ausstreuen. Teig einfüllen und weitere 30 Minuten gehen lassen. Im vorgeheizten Backrohr bei 170 °C 60–70 Minuten backen.

Backzeit
60–70 Minuten
Backtemperatur
170 °C

Mandelgugelhupf

Zutaten

220 g Datteln, entkernt
250 ml Wasser
½ KL Vanillepuddingpulver
4 Eidotter
60 ml Rum
150 g Mandeln, gerieben
250 ml Schlagobers
200 g Weizenvollkornmehl
3 KL Naturbackpulver
4 EL Kakaopulver
4 Eiklar
40 g Kristallzucker
Butter oder ungehärtete Pflanzenmargarine und Semmel- oder Vollkornbrösel für die Form

Backzeit
90 Minuten
Backtemperatur
180 °C

Zubereitung

Die Datteln hacken und gemeinsam mit Wasser sowie Puddingpulver kurz kochen lassen. Überkühlen lassen. Dotter zugeben und mit dem Stabmixer pürieren. Weizenvollkornmehl mit Backpulver sowie Kakaopulver mischen und die Hälfte davon unter den Dattelschaum mischen. Mandeln und Rum ebenfalls einrühren. Das Obers steif schlagen und unter den Teig ziehen. Eiklar aufschlagen und mit Kristallzucker zu Schnee schlagen. Schnee sowie restliches Mehl unter den Teig heben. Die Masse in eine gefettete und mit Semmelbröseln ausgestreute Gugelhupfform füllen und im vorgeheizten Backrohr bei 180 °C etwa 90 Minuten backen. Nach dem Auskühlen stürzen.

Apfelstrudel (Vollwert)

Zutaten
250 g Weizenvollkornmehl
200 ml Milch, lauwarm
1 Ei
Prise Salz oder Vollsalz
25 g Maiskeimöl
Öl und Butter oder ungehärtete Pflanzenmargarine zum Bestreichen
Mehl für das Tuch

Für die Fülle
3 kg Äpfel, geschält, in Spalten geschnitten
250 g süße Brösel
250 g Honig
200 g Butter oder ungehärtete Pflanzenmargarine, lauwarm
200 g Rosinen
150 g Haselnüsse, gerieben
Zitronenschale, abgerieben
25 g Zimtpulver

Backzeit
50 Minuten
Backtemperatur
200 °C

Zubereitung
Das Ei mit einer Prise Salz, lauwarmer Milch, Mehl und Öl zu einem geschmeidigen Teig verarbeiten. Oberfläche mit Öl bestreichen und Teig 1 Stunde rasten lassen. Währenddessen **für die Fülle** die Apfelspalten mit süßen Bröseln, Honig, lauwarmer Butter, Rosinen, Nüssen, Zitronenschale und Zimt vermischen.
Strudelteig auf ein bemehltes Küchentuch legen und zu einem viereckigen Fleck ausrollen. Finger und Handrücken mit Öl bestreichen. Dann mit beiden Handrücken unter den Teig fahren und diesen langsam in alle Richtungen so dünn ausziehen, dass man durch den Teig eine Zeitung lesen könnte. Dabei äußerst vorsichtig vorgehen, damit der Teig nicht reißt. Mit flüssiger Butter bestreichen und dann die Apfelfülle gleichmäßig darauf verteilen. Mit Hilfe des Tuches behutsam einrollen, Enden einschlagen und Strudel nochmals gut mit Butter bestreichen. Auf ein gefettetes Backblech setzen und im vorgeheizten Backrohr bei 200 °C ca. 50 Minuten goldbraun backen. Überkühlen lassen und portionieren.

Topfenstrudel (Vollwert)

Zutaten
500 g Weizenvollkornmehl
120 g Honig
120 g Butter oder ungehärtete Pflanzenmargarine, zimmerwarm
40 g Germ
350 ml Milch
3 Eidotter
10 g Salz oder Vollsalz
Vollkornmehl für die Arbeitsfläche
Fett für das Backblech
Ei zum Bestreichen

Für die Fülle
500 g Magertopfen, passiert
100 g Butter oder ungehärtete Pflanzenmargarine
100 g Honig
100 g Rosinen
5 Eidotter
Schale von 1 Zitrone, abgerieben
Prise Salz oder Vollsalz
Mark von 1 Vanilleschote

Backzeit
50 Minuten
Backtemperatur
200 °C

Zubereitung
200 ml (!) Milch leicht erwärmen und mit Germ und 200 g (!) Weizenvollkornmehl verrühren. Dampfl an einem warmen Ort zugedeckt 20 Minuten aufgehen lassen. Restliche Milch ebenfalls erwärmen und mit restlichem Mehl und Honig vermischen. Mit dem Dampfl verkneten, dann Eidotter, Salz und zimmerwarme Butter einmengen. Den Teig gut abschlagen und zugedeckt an einem warmen Ort 30 Minuten aufgehen lassen. Dann abermals kräftig abschlagen und wiederum 30 Minuten gehen lassen. **Für die Fülle** Butter und Honig schaumig rühren, die Eier langsam zugeben und dann die anderen Zutaten einrühren.
Den Teig auf einer bemehlten Arbeitsfläche zu einem großen Rechteck ca. 1 cm dick ausrollen. Mit der Topfenfülle bestreichen, dabei an einer Seite einen 4 cm freien Rand lassen. Der Länge nach von der gegenüberliegenden Seite her einrollen. Die Rolle in gekrümmter Strudelform (U-Form) auf ein gefettetes Blech legen teilen. Die Enden gut verschließen, damit die Fülle nicht austreten kann und nochmals ca. 40 Minuten aufgehen lassen. Mit Ei bestreichen und im vorgeheizten Backrohr bei 200 °C ca. 50 Minuten backen.

Nussstrudel

Zutaten
500 g Weizenvollkornmehl
180 ml Milch, lauwarm
50 g Germ
10 g Salz oder Vollsalz
2 cl Rum
150 g Butter oder ungehärtete Pflanzenmargarine
150 g Honig
3 Eier
2 cl Zitronensaft
Vollkornmehl für die Arbeitsfläche
Butter oder Diätmargarine für die Form
Ei zum Bestreichen

Für die Nussfülle
500 g Walnüsse, gerieben
300 g Honig
5 cl Rum
350 ml Milch
50 g Semmel- oder Vollkornbrösel
5 g Zimtpulver

Backzeit
ca. 1 Stunde
Backtemperatur
170 °C

Zubereitung
Germ in 100 ml Milch auflösen und mit ca. 100 g Mehl ein Dampfl ansetzen. Abdecken und an einem warmen Ort ca. 20 Minuten gehen lassen. Restliche Milch leicht erwärmen und mit Rum, Honig, Zitronensaft, restlichem Mehl und Dampfl zu einem Teig verkneten. Eier mit Salz vermischen und langsam dem Teig zugeben. Butter einmengen. Teig 30 Minuten zugedeckt an einem warmen Ort gehen lassen. Nochmals kräftig durchkneten und wiederum 30 Minuten gehen lassen. **Für die Fülle** Milch erwärmen und mit den anderen Zutaten vermischen. Den Teig in 3 Stücke teilen und rundwirken (mit den Handballen zu runden Flecken walken). Die Teigstücke 10 Minuten gehen lassen und danach auf einer bemehlten Arbeitsfläche zu einem rechteckigen Fleck von etwa 30 × 30 cm ausrollen. Mit der Nussfülle bestreichen, zusammenrollen und die Enden gut verschließen. Jeweils in eine gefettete Backform setzen und nochmals 60 Minuten gehen lassen. Mit Ei bestreichen und im vorgeheizten Backrohr bei 170 °C ca. 1 Stunde backen.

Biskuit-Nuss-Torte

Zutaten

150 g Weizenvollkornmehl
120 g Honig
100 g Walnüsse, gerieben
6 Eidotter
6 Eiklar
Schale von 1 Zitrone, abgerieben
Prise Salz oder Vollsalz
Butter oder ungehärtete Pflanzenmargarine und Mehl für die Form

Für die Nusscreme

100 g Walnüsse, sehr fein gerieben
5 Blatt Gelatine
100 g Honig
500 ml Schlagobers

Backzeit
50–60 Minuten
Backtemperatur
170 °C

Zubereitung

Honig, Dotter und Zitronenschale schaumig rühren. Weizenvollkornmehl und Nüsse vorsichtig einmengen. Eiklar mit einer Prise Salz zu steifem Schnee schlagen und behutsam unter die Masse heben. Teig in eine gefettete und bemehlte Tortenform füllen und im vorgeheizten Backrohr bei 170 °C 50–60 Minuten backen. Während einer Hälfte der Backzeit die Torte mit Backpapier abdecken. Abkühlen lassen. **Für die Nusscreme** die Walnüsse sehr fein mahlen bzw. reiben. Gelatine in kaltem Wasser einweichen, ausdrücken und mit Honig über Dampf auflösen. Überkühlen lassen. Geschlagenes Obers gemeinsam mit den Nüssen unter die Honigmasse heben. Die Torte nach dem Erkalten einmal durchschneiden und mit der Nusscreme füllen.

Germstriezel

Zutaten

650 g Weizen (ersatzweise Weizenvollkornmehl)
150 g Rosinen
ca. 280 ml Wasser
2 EL Sojamehl
3 EL Rum
½ KL Salz oder Vollsalz
50 g Honig
30 g Germ
1 Ei
50 g Butter oder ungehärtete Pflanzenmargarine, flüssig
Mandelsplitter zum Bestreuen
Butter oder ungehärtete Pflanzenmargarine und Vollkornmehl für das Backblech

Backzeit
ca. 50 Minuten
Backtemperatur
170 °C

Zubereitung

Den Weizen fein mahlen und mit Rosinen vermischen. Sojamehl, Honig, Salz, Germ und Rum in lauwarmem Wasser auflösen. Das Ei hineinquirlen und mit dem Rosinen-Mehl vermischen. Flüssige Butter zugeben und gut durchkneten. An einem warmen Ort zugedeckt auf das doppelte Volumen aufgehen lassen. Nochmals zusammenschlagen und abermals 10 Minuten gehen lassen. Aus dem Teig 9 Stränge rollen und je einen Vierer-, Dreier- und Zweierzopf auf einem befetteten, bemehlten Blech übereinander legen.
Jeden Zopf und auch die Zipfel der Stränge mit Wasser bestreichen, damit sie besser haften. Den Striezel nochmals aufgehen lassen. Dann mit kaltem Wasser bestreichen und mit Mandelsplittern bestreuen.
Im vorgeheizten Backrohr bei 170 °C ca. 50 Minuten backen.

Reisauflauf mit Pfirsichsauce

Zutaten für 10 Portionen

300 g Naturreis (Rundkorn)
Vollsalz
80 g Datteln
Mark von 1 Vanilleschote
40 g Butter oder ungehärtete Pflanzenmargarine
3 Eidotter
3 Eiklar
30 g Kristallzucker
Fett für die Form
Staubzucker zum Bestreuen

Für die Pfirsichsauce

750 g Pfirsiche
250 ml Sauerrahm
2 EL Magertopfen
2 EL Honig

Backzeit
ca. 55 Minuten
Backtemperatur
200 °C

Zubereitung

Den Reis in etwa 1 Liter leicht gesalzenem Wasser 40 Minuten kochen, 15 Minuten nachquellen und dann auskühlen lassen. Die Datteln zerkleinern, mit 4 EL Wasser und Vanillemark kurz kochen und wieder vom Herd nehmen. Butter darin schmelzen und Dotter zufügen.
Mit dem Stabmixer pürieren.
Den Dattelbrei unter die Reismasse mischen. Eiklar aufschlagen und mit Kristallzucker zu Schnee schlagen. Schnee unter die Masse heben. In eine gefettete Auflaufform füllen und im vorgeheizten Backrohr bei 200 °C 55 Minuten backen.
Für die Pfirsichsauce die Früchte entsteinen und mit allen anderen Zutaten fein pürieren. Durch ein feines Sieb seihen. Reisauflauf mit Staubzucker bestreuen und mit der Pfirsichsauce servieren.

Topfenauflauf mit Himbeersauce

Zutaten
225 g Magertopfen
3 Eidotter
etwas Süßstoff
Saft von 1 Zitrone
3 Eiklar
85 g Kristallzucker
10 g ungehärtete Pflanzen-margarine

Für die Himbeersauce
120 g Himbeeren
flüssiger Süßstoff

Backzeit
ca. 25 Minuten
Backtemperatur
190 °C

Zubereitung
Magertopfen passieren. Mit Dottern, Süßstoff und Zitronensaft schaumig rühren. Eiklar mit 65 g (!) Kristallzucker zu steifem Schnee schlagen und unter die Topfenmasse heben. Auflaufförmchen mit Margarine dünn ausstreichen, mit dem restlichen Kristallzucker ausstreuen und kalt stellen. Topfenmasse in die Formen füllen und im vorgeheizten Backrohr bei 190 °C im Wasserbad 25 Minuten pochieren. **Für die Himbeersauce** Himbeeren passieren und mit Süßstoff abschmecken. Topfenauflauf stürzen und mit Himbeersauce umgießen.

Gefüllte Bratäpfel

Zutaten für 2 Portionen
2 Äpfel
Zitronensaft zum Beträufeln
Diätmargarine für die Form

Für die Fülle
20 g Mandeln
20 g Rosinen
50 g Dörrzwetschken
30 g Honig
Saft von ½ Zitrone

Zum Garnieren
Schlagobers, geschlagen
Mandelstifte
Staubzucker

Backzeit ca. 20 Minuten
Backtemperatur 180 °C

Zubereitung

Für die Fülle Mandeln, Rosinen und Dörrzwetschken hacken und mit Honig sowie Zitronensaft vermischen. Die Äpfel aushöhlen, innen mit Zitronensaft beträufeln und an der Oberseite überkreuzt einschneiden. Äpfel mit der vorbereiteten Masse füllen, in eine befettete Auflaufform setzen und im vorgeheizten Backrohr bei 180 °C ca. 20 Minuten braten. Bratäpfel überkühlen lassen und mit geschlagenem Schlagobers dekorieren. Mandelstifte und Staubzucker darüber streuen.

Apfel-Vollkornpalatschinken

Zutaten für 4–6 Portionen
3 Äpfel
etwas Zitronensaft
125 ml Weißwein
80 g Honig
½ Zimtstange
1 TL mit Vanillemark
vermengtem Staubzucker

Für die Palatschinken
250 ml Milch
150 g Weizenvollkornmehl
2 Eier
1 TL brauner Zucker
Prise Salz oder Vollsalz
Öl zum Backen

Für das Honigobers
3 EL Schlagobers,
geschlagen
1 EL Honig

Zubereitung
Die Äpfel schälen, vierteln, entkernen und in Spalten schneiden. Sofort in mit Zitronensaft vermengtes Wasser legen. Weißwein mit Honig, Vanillezucker und Zimtstange aufkochen lassen. Vom Herd nehmen, abgetropfte Apfelspalten hineingeben, kurz aufwallen lassen und kühl stellen. Zimtstange wieder entfernen.
Für den Palatschinkenteig Milch, Eier, Zucker und Salz verrühren und abschließend das Mehl einrühren. In einer Palatschinkenpfanne etwas Öl erhitzen, etwas Teig dünn einfließen lassen und die Palatschinken nacheinander beidseitig goldgelb backen. Warm stellen. **Für das Honigobers** Honig mit geschlagenem Obers vermengen. Palatschinken jeweils mit etwas Apfelmasse füllen, zusammenlegen und mit Honigobers garniert servieren.

Tipps:
- Wer die Apfelfülle etwas molliger bevorzugt, der binde die warme Apfelmasse noch mit etwas in Wasser angerührter Maisstärke.
- Noch rascher lassen sich die Apfelpalatschinken zubereiten, wenn man die klein geschnittenen Apfelwürfel nur in etwas Honig karamellisiert und knappe 2 Minuten weich dünstet.

Hirsenocken mit Holundersauce

Zutaten

150 g Hirse, gekocht (70 g Rohgewicht, mit 180 ml Wasser gekocht)
100 g Magertopfen
40 g Haselnüsse, gehackt
80 g Holunderbeeren
50 g Honig
100 g Äpfel, grob gerissen
Saft von ½ Zitrone
Schale von ½ Zitrone, abgerieben
Msp. Koriander, gemahlen
Mark von ½ Vanilleschote
Msp. Zimt, gemahlen
Prise Vollsalz
20 g Brioche-, Vollkorn- oder Semmelbrösel
50 g Butter oder ungehärtete Pflanzenmargarine
50 g Mandeln, sehr fein gerieben
Butter oder ungehärtete Pflanzenmargarine für das Backblech

Für die Holundersauce

125 ml Rotwein
1 TL Vanillepuddingpulver
1 Gewürznelke
150 g Holunderbeeren
50 g Akazienhonig

Zubereitung

Die gekochte und überkühlte Hirse mit Magertopfen, Haselnüssen, Holunderbeeren und Honig vermischen. Geraspelte Äpfel, Zitronensaft, Zitronenschale, Koriander, Vanillemark, Zimt und Salz unter die Hirsemasse mengen. Abschließend Brösel zugeben. Aus der Masse 12 Nocken formen, auf ein gefettetes Backblech setzen und im vorgeheizten Backrohr bei 200 °C 10–12 Minuten backen. **Für die Holundersauce** Rotwein mit Puddingpulver verrühren und mit der Gewürznelke aufkochen. Holunderbeeren zugeben und nochmals aufkochen lassen. Überkühlen lassen und den Honig einrühren. Gebackene Hirsenocken mit zerlassener Butter bestreichen und mit Mandeln bestreuen. Holundersauce auf vorgewärmte Teller gießen und jeweils 3 Hirsenocken sternförmig darauf anrichten.

Backzeit
10–12 Minuten
Backtemperatur
200 °C

Vollkorn-Topfenknödel im Kürbismantel

Zutaten für 10–12 Knödel
250 g Magertopfen
60 ml Sauerrahm
25 g Dinkelgrieß
10 g Weizenvollkornmehl
5 g brauner oder Naturzucker
1 Ei
Vollsalz für das Wasser
80 g Kürbiskerne

Für die Zwetschkensauce
300 g Zwetschken, entsteint
flüssiger Süßstoff
1 EL Rum

Garungszeit
ca. 10 Minuten

Zubereitung
Topfen mit Sauerrahm, Grieß, Mehl, Zucker und Ei zu einem Teig verarbeiten und ca. 1 Stunde kalt stellen. Aus dem Teig Knödel formen und in kochendem Salzwasser 10 Minuten ziehen lassen. **Für die Zwetschkensauce** die Zwetschken weich kochen. Abseihen, mit Süßstoff und Rum mixen und durch ein Sieb passieren. Kürbiskerne hacken und in einer Pfanne ohne Fett rösten. Knödel herausheben, abtropfen lassen und in den Kernen wälzen. Topfenknödel anrichten und mit der Zwetschkensauce servieren.

Zwetschkenknödel

Zutaten für 30 Knödel
150 g Weizenvollkornmehl
150 g Dinkelmehl
60 g Butter oder ungehärtete Pflanzenmargarine
Vollsalz
375 g Magertopfen
3 Eier
30 Zwetschken, nach Belieben entsteint

Zubereitung
Butter mit Salz schaumig rühren. Topfen untermengen, Eier und beide Mehle einrühren. Zu einem Teig kneten und 30 Minuten rasten lassen. Aus dem Teig einen Strang rollen, in gleichmäßige Stücke schneiden und die Zwetschken damit umhüllen. Zu Knödeln formen und in kochendem Salzwasser 10–12 Minuten leicht köcheln lassen. Butter mit Honig schmelzen und die Knödeln zuerst

30 g Butter oder ungehärtete Pflanzenmargarine zum Wälzen
1 EL Honig
40 g Haselnüsse, gerieben
Staubzucker zum Bestreuen

Garungszeit
10–12 Minuten

darin, danach in den geriebenen Haselnüssen wälzen. Mit Staubzucker bestreut servieren.

Kaiserschmarren (Vollwert)

Zutaten für 4–6 Portionen

150 g Weizen
50 g Gerste
50 g Hirse
50 g Buchweizen
300 ml Wasser
60 g Datteln
2 EL Rum
250 ml Milch
Vollsalz
4 Eidotter
50 g Butter oder ungehärtete Pflanzenmargarine
5 Eiklar

Backzeit
ca. 12 Minuten
Backtemperatur
180 °C

Zubereitung

Weizen mit Gerste, Hirse und Buchweizen mischen und zu Mehl mahlen. Mit Wasser vermengen. Klein geschnittene Datteln und Rum zufügen und mindestens 30 Minuten stehen lassen. Milch, Dotter, Salz und zuletzt die geschmolzene Butter mit dem Stabmixer einquirlen. Eiklar zu festem Schnee schlagen und unterziehen. In eine beschichtete Pfanne ohne Fett einfüllen, ins vorgeheizte Backrohr stellen und bei 180 °C ca. 12 Minuten backen. Vor dem Servieren mit zwei Gabeln in Stücke reißen.

Im Mikrokosmos der Näschereien

Linzer Augen ▷ S. 228

Lebkuchensterne

Zutaten

Für den Lebkuchenteig

660 g Honig
220 g Staubzucker
75 ml Wasser
500 g Roggenmehl
200 g Weizenmehl

Zum Vollenden

2 Eidotter
30 g Lebkuchengewürz
6 cl Milch
300 g Weizenmehl
Milch zum Bestreichen
Mandeln, Haselnüsse oder Walnüsse zum Belegen
Eiweißglasur zum Überziehen (s. S. 43), nach Belieben

Backzeit
15–20 Minuten
Backtemperatur
180 °C

Zubereitung

Für den Teig Honig erwärmen. Zucker mit Wasser aufkochen, mit Honig vermischen und auf ca. 30 °C abkühlen lassen. Mit Roggen- und Weizenmehl zu einem Teig kneten. Rasten lassen.
Eidotter mit Lebkuchengewürz schaumig rühren, gemeinsam mit Milch und Mehl in den Honigteig einarbeiten. Teig ca. 4 mm dick ausrollen. Mit einem Sternausstecher Sterne ausstechen und diese auf ein mit Backpapier belegtes Backblech setzen. Mit etwas Milch bestreichen, mit Mandeln oder Nüssen belegen und im vorgeheizten Backrohr bei 180 °C 15–20 Minuten backen.
Noch heiß eventuell mit Eiweißglasur überziehen.

Tipp: In Klarsichtfolie eingeschlagen lässt sich der Lebkuchenteig (vor der Eierzugabe!) problemlos einige Tage oder Wochen kühl lagern.

Wachauer Herzen

Zutaten
250 g Mehl
150 g Staubzucker
150 g Butter
20 g Vanillezucker
1 Ei
ca. 150 g Marillenmarmelade zum Bestreichen
ca. 150 g Vollmilchkuvertüre zum Eintunken

Backzeit
10 Minuten
Backtemperatur
170 °C

Zubereitung
Butter mit Mehl verbröseln. Mit Staubzucker, Vanillezucker und Ei zu einem glatten Teig verarbeiten und kurze Zeit kühl rasten lassen. Den Teig auf eine Stärke von ca. 3 mm ausrollen und mit einem Keksausstecher kleine Herzen ausstechen. Auf ein mit Backpapier belegtes Backblech legen und im vorgeheizten Backrohr bei 170 °C ca. 10 Minuten backen. Nach dem Auskühlen eine Hälfte der Herzen mit Marmelade bestreichen und jeweils ein nicht bestrichenes Herz darauf setzen. Kuvertüre schmelzen und die Herzen bis zur Mitte darin eintunken.

Florentiner

Zutaten

100 g Aranzini
150 g Mandeln, gehobelt
100 g Rosinen
50 g Mehl
100 g Staubzucker
125 ml Kaffee- oder Schlagobers
ca. 150 g Zartbitterkuvertüre zum Eintunken

Backzeit

ca. 12–15 Minuten

Backtemperatur

160 °C

Zubereitung

Aranzini und Rosinen zerkleinern. Mit gehobelten Mandeln, Mehl, Staubzucker und Obers gut vermengen. Auf ein mit Backpapier belegtes Blech kleine Häufchen setzen und diese mit einer Gabel flach drücken. Im vorgeheizten Backrohr bei 160 °C 12–15 Minuten backen und überkühlen lassen. Kuvertüre schmelzen und dünn auf ein Backpapier streichen. Florentiner darauf setzen und bevor die Kuvertüre zu stocken beginnt, rundum ausschneiden. Vom Papier abheben und auf der Unterseite mit einer Gabel das typische wellenartige Muster ziehen. Trocknen lassen.

Süße Grüße von den Medici

Das Geschlecht der Medici hat seiner Heimatstadt Florenz nicht nur eindrucksvolle Grabmäler und die „Erfindung“ der von Katharina von Medici nach Paris exportierten „Grande Cuisine“ beschert, sondern auch jenes Gebäck aus – nach dem Originalrezept – Mandelsplittern, Orangeat, Zitronat, Honig und Gewürzen. Was das mit den Medici zu tun hat? Ganz einfach: Die edlen Florentiner Frauen pflegten sich angeblich damit die Zeit zu vertreiben, dass sie mit ihren schönen Haarkämmen Wellenmuster in die mit weicher Schokolade überzogene Unterseite dieses Gebäcks zeichneten.

Nussbusserln

Zutaten
Makronenmasse aus Haselnüssen laut Grundrezept (s. S. 34)
Staubzucker zum Bestreuen
300 g Himbeermarmelade

Backzeit
12–15 Minuten

Backtemperatur
160 °C

Zubereitung
Die Makronenmasse laut Grundrezept zubereiten. Ein Backblech mit Backpapier auslegen und die Masse mit einem Dressiersack mit glatter Tülle (rundes Aufsatzstück) zu Halbkugeln aufspritzen. Busserln mit etwas Staubzucker bestreuen und antrocknen lassen (am besten über Nacht). Dann im vorgeheizten Backrohr bei 160 °C etwa 12–15 Minuten backen. Währenddessen das Backrohr einen Spalt offen lassen, damit der Dampf entweichen kann. Busserln herausnehmen, abkühlen lassen und vom Backpapier lösen. Jeweils eine Busserlhälfte mit Himbeermarmelade bestreichen und die andere Hälfte darauf setzen.

Kokoskuppeln

Zutaten
200 g Staubzucker
3 Eiklar
200 g Kokosraspel
1 KL Honig
Oblaten, rechteckig
(oder bereits geschnittene, kleine Blätter)
ca. 150 g Schokoladeglasur zum Tunken (s. S. 41)

Für die Creme
250 g Butter
150 g Staubzucker
80 g Kochschokolade, gerieben

Backzeit
ca. 10 Minuten
Backtemperatur
160 °C

Zubereitung
Eiklar mit Staubzucker zu Schnee schlagen, Kokosraspel und Honig unterheben. Auf ein mit Backpapier belegtes Blech kleine Häufchen (Busserln) setzen und diese im vorgeheizten Backrohr bei ca. 160 °C etwa 10 Minuten backen. Auskühlen lassen.

Für die Creme Butter mit Zucker schaumig rühren, die geriebene Schokolade nach und nach einrühren. Aus den Oblaten Scheiben mit ca. 3 cm Durchmesser ausstechen. Oblatenscheiben mit Creme bestreichen und je ein Kokosbusserl darauf setzen. Kühl stellen, damit die Creme fest wird. Schokoladeglasur schmelzen und die Unterseite der Kokoskuppeln darin tunken.

Linzer Augen

Zutaten
240 g Mehl
240 g Butter
140 g Staubzucker
170 g Haselnüsse, gerieben
1 KL Zimt, gemahlen
2 EL Milch
ca. 150 g Marillenmarmelade zum Bestreichen
Staubzucker zum Bestreuen

Backzeit
ca. 10 Minuten
Backtemperatur
180 °C

Zubereitung
Mehl, zimmerwarme Butter, Staubzucker, geriebene Haselnüsse, Zimt sowie Milch zu einem Teig verkneten und ½ Stunde rasten lassen. Den Teig ausrollen und in zwei Hälften teilen. Aus der einen Hälfte kleine, kreisrunde Scheiben, aus der anderen Hälfte gleichgroße Ringe (mit 1 oder 3 Löchern) ausstechen. Auf ein mit Backpapier ausgelegtes Backblech setzen und alles im vorgeheizten Backrohr bei 180 °C etwa 10 Minuten backen. Die überkühlten Scheiben mit Marillenmarmelade bestreichen und die Ringe darauf setzen. Mit Staubzucker bestreuen.

Vanillekipferln

Zutaten
200 g Butter
280 g Mehl
80 g Staubzucker
100 g Nüsse, gerieben
Staub- und Vanillezucker zum Wälzen

Backzeit
10 Minuten
Backtemperatur
180 °C

Zubereitung
Auf einem Brett Mehl und Butter verbröseln. Mit Staubzucker und geriebenen Nüssen zu einem glatten Teig verarbeiten und etwa ½ Stunde kühl rasten lassen. Den Teig zu einer Rolle formen. Davon kleine Stückchen abschneiden und diese dann zu kleinen Kipferln formen. Auf ein mit Backpapier ausgelegtes Backblech setzen und im vorgeheizten Backrohr bei 180 °C etwa 10 Minuten backen. Noch heiße Kipferln vorsichtig

(sie brechen sehr leicht!) in einem Gemisch aus Staub- und Vanillezucker wälzen.

Ischler Taler

Zutaten

240 g Mehl
240 g Butter
140 g Staubzucker
170 g Haselnüsse, gerieben
1 Msp. Zimt
100 g Marillenmarmelade
ca. 150 g Schokoladeglasur

Backzeit

10 Minuten

Backtemperatur

150 °C

Zubereitung

Mehl, Butter, Zucker, Haselnüsse und Zimt zu einem Mürbteig verkneten und 30 Minuten rasten lassen. Auf eine Stärke von ca. 3 mm ausrollen und mit einem runden Ausstecher Scheiben ausstechen.
Auf ein mit Backpapier ausgelegtes Backblech setzen und im vorgeheizten Backrohr bei ca. 150 °C etwa 10 Minuten backen.
Eine Hälfte der Scheiben mit Marillenmarmelade bestreichen und jeweils eine nicht bestrichene Scheibe darauf setzen. Auf ein Kuchengitter legen und mit flüssiger Schokoladeglasur glasieren.

Krapferln oder Taler

Das obenstehende Rezept ist eine besonders wohlschmeckende Variante eines noch wesentlich bekannteren Vorbilds, das zu den Lieblingssüßigkeiten von Kaiser Franz Joseph und Kaiserin Sisi zählte. Gemeint sind die berühmten und heute noch in Bad Ischl sehr populären Ischler Krapferln, die ebenfalls aus Mürbteig bestehen, aber statt mit Marillenmarmelade mit Buttercreme gefüllt und anschließend mit Schokolade überzogen werden. Bevor die Schokolade hart wird, werden die „Original Ischler Krapferln“ mit einer blanchierten, getunkten Mandel dekoriert.

Mocca-Spritzgebäck

aus Mörwalds süßer Küche

Zutaten für 35 Stück

160 g Butter
80 g Staubzucker
1 Ei
2 EL Rum
2 EL Löskaffeepulver
60 g Mandeln, fein gerieben
1 EL Kakaopulver
150 g Mehl
120 g Nougat
120 g dunkle Kuvertüre
Butter und Mehl für das Backblech

Backzeit
ca. 5 Minuten

Backtemperatur
200 °C

Zubereitung

Butter, Zucker und Ei schaumig rühren. Das in Rum aufgelöste Kaffeepulver sowie Mandeln, Kakaopulver und Mehl hinzugeben und gut miteinander vermischen. Masse in einen Spritzbeutel mit mittlerer Lochtülle (runde Öffnung) füllen. Auf ein gefettetes und bemehltes Backblech kleine Halbmonde spritzen, im vorgeheizten Backrohr bei 200 °C ca. 5 Minuten backen und vom Blech lösen.
Dann Nougat erwärmen, glatt rühren und die Hälfte der Halbmonde auf der glatten Seite damit bestreichen. Die andere Hälfte darauf setzen. Kuvertüre im Wasserbad schmelzen und die gefüllten Halbmonde mit jeder Spitze in die Glasur tauchen. Zum Trocknen auf ein Kuchengitter legen.

Keks, Cakes oder Knusperchen?

Kleine Honigkuchen kannte man schon im alten Ägypten. Auch die Inder formten handliche Bissen aus Nougat und Marzipan bereits um 3000 v. Chr. Was wir heute hingegen als Kekse bezeichnen, hat seinen, damals allerdings noch ungesüßten, Ursprung im alten Rom, wo im dritten vorchristlichen Jahrhundert das so genannte Waffelbiskuit entstand. Ihren zuckersüßen Charakter verdanken die Kekse dem Vernehmen nach erst den Niederländern, die die kleinen getrockneten Kuchen als haltbare Seemannsnahrung zu schätzen wussten – nicht zuletzt für jene Matrosen, die auf ihren Schonern auch das Zuckerrohr von fernen Sklaveninseln heimbrachten. Außerdem spielten Kekse auch bei niederländischen Bauernhochzeiten eine fast schon rituelle Rolle. Jeder der Gäste musste dort nämlich sein mitgebrachtes „koekje" auf einen großen Haufen legen, aus dem sich – in vielen übereinandergelegten Schichten – schlussendlich die Hochzeitstorte zusammensetzte. Mit diesem Brauchtum gelangten die „koekje", so will es die Überlieferung weiter wissen, schließlich auch über den Ärmelkanal und wurden von den Briten kurzerhand in „cookies" oder „cakes" umbenannt.
Das deutsche Wort „Keks" war damals allerdings noch nicht einmal geboren.
Es entstand zu Beginn unseres Jahrhunderts als Modewort und war nichts anderes als ein eingedeutschtes „cakes", um das sich allerdings in weiterer Folge eine erbitterte Fehde zwischen Hermann Bahlsen, dem Besitzer einer der ersten „Cakes & Biscuits-Fabriken" Europas, und fanatischen Deutschtümlern entfachte.
Als Bahlsen nämlich darauf drängte, dass das zunehmend in den deutschen Sprachgebrauch Eingang findende Wort „Keks" auch in den Duden aufgenommen würde, legte sich die deutschnationale „Sprachpolizei" quer und veranstaltete sogar einen Wettbewerb, wer den besten deutschsprachigen Ersatz für das ungeliebte Lehnwort aus dem Englischen fände. Aus zahllosen Einsendungen wurde damals der etwas verkrampfte Ausdruck „Knusperchen" ausgewählt – und es kostete Herrn Bahlsen einen mehrjährigen Kampf gegen die deutschtümelnde Lobby, bis 1915 endgültig das Wörtchen „Keks" von der Duden-Kommission aufgenommen wurde. Bewährt hat es sich seither im wahrsten Sinn des Wortes auf das Süßeste. Oder können Sie sich vorstellen, dass Sie Ihren Kindern und Verwandten am Heiligen Abend anstatt Weihnachtskeksen „Weinachtsknusperchen" anbieten?

Grundbegriffe der süßen Küche von A bis Z

Abbrennen: Brandteig so lange auf dem Feuer rühren, bis er sich als Klumpen vom Topf löst.

Abbröseln: Fett und Mehl zwischen den Fingern verreiben, bis eine bröselige Masse entsteht.

Abflämmen: Eine Masse oder Schaummasse mit einer Lötlampe oder einem Bunsenbrenner bräunen. Zum Abflämmen von Crème brûlée werden im Fachhandel spezielle Crème-brûlée-Brenner angeboten.

Abschlagen: Teig kräftig auf eine Unterlage werfen. Das gilt insbesondere für schon aufgegangenen Germteig, der dadurch seine Blasen verliert und feinporiger wird.

Abschmalzen: In heißem Fett schwenken.

Abschmecken: Nach Geschmack würzen.

Abschrecken: Gekochte, noch heiße Teigwaren mit kaltem Wasser abschwemmen.

Abstocken: Eine Masse „felieren", fest werden lassen.

Abtrieb: Fett unter Zusatz von Ei oder Zucker schaumig rühren.

Abtrocknen: Glasuren u. Ä. vor der Weiterverwendung trocknen lassen.

Abziehen: Flüssigkeiten, Cremen oder Saucen mit Zucker, Eidotter, Gelatine usw. erhitzen und so lange rühren, bis sie eine dickliche Konsistenz erlangen. „Zur Rose abziehen" ist ein Begriff aus der Eisherstellung und bedeutet, eine Masse mit Eiern erhitzen, bis sie leicht bindet. Wenn man leicht auf den Kochlöffel bläst, sollte sich die Masse dabei ähnlich wie eine Rose kringeln.

Agar-Agar: Das Wort stammt aus dem Malaiischen und bedeutet „gelierendes Lebensmittel aus Algen". Es wird vor allem in der süßen Vollwertküche als Ersatz für Gelatine eingesetzt.

Ahornsirup: Aus dem Saft des Zuckerahorns gewonnener Süßstoff, wird vor allem in Kanada und den USA hergestellt.

Anziehen lassen: Eine Masse etwas überkühlen, bis sie so weit geliert ist, dass man beispielsweise eine zweite Masse darauf auftragen kann.

Aprikotieren: Mit Marillenmarmelade einstreichen.

Aranzini: Orangeat

Auflauf: Patisserieausdruck für Soufflé. Im volkstümlichen Gebrauch versteht man darunter auch jedes Gericht, das in eine Form gefüllt und überbacken wird.

Ausbacken: In heißem Fett schwimmend frittieren.

Ausrollen: Einen Teig mit Hilfe eines Rollholzes gleichmäßig auseinander treiben.

Bäckerei: Süßgebäck.

Backformen: Edelstahlformen mit verschiedenen Umrissen, die zum Backen von Massen verwendet werden.

Backobst: Dörrobst

Backpflaumen: Dörrzwetschken

Backtrennpapier: Pergamentartiges, silikonisiertes Papier zum Belegen von Backblechen; verhindert, dass das Backgut an der Unterlage haften bleibt.

Backwerk: Bäckerei

Backzucker: Für die Mehlspeisküche besonders geeigneter Zucker mit backverstärkender Wirkung.

Baiser: Windbäckerei, auch: *spanische Winde*, verwandt mit der Meringue (s. dort)

Bayrische Creme: Auch *Creme Bavaroise* genannte Patisserie-Grundcreme auf Basis von Eidotter, Vanille, Zucker, Gelatine und Schlagobers (s. auch S. 81/122).

Biskotten: Löffelbiskuit.

Blanchieren: Überbrühen von Früchten etc., als vorbereitendes Kochverfahren

Blätterteig: S. Butterteig

Blaubeeren: Heidelbeeren, Schwarzbeeren

Blind backen: Einen Teig ohne Fülle backen, indem man ihn mit Backpapier belegt, das wiederum mit getrockneten

Erbsen oder Linsen bestreut wird. Nach dem Backen wird das Backpapier dann wieder entfernt.

Bonbons: Durch Eindampfen und Erkalten von Zuckerlösung in bestimmte Formen gepresste und auf unterschiedliche Weise weiterverarbeitete kleine Süßwaren, die in Österreich auch Zuckerl genannt werden.

Brandig werden: Die Bindung verlieren. Der Ausdruck wird vor allem im Zusammenhang mit Mürbteig verwendet, der zu warm gerät, weil er zu lange bearbeitet wurde.

Brauner Zucker: Die oft gehörte Einschätzung, es handle sich dabei um ungebleichten Naturzucker, ist falsch. Tatsächlich ist der weiße Zucker so natürlich wie der braune, der durch Beimengung eines braunen Zuckersirups gefärbt und mit Rohrzuckersirup veredelt wird.

Brioche: Germ- bzw. Hefekuchen

Brösel, Semmelbrösel: Paniermehl

Buchteln: Dampfnudeln

Buchweizenmehl: In Österreich auch Heiden- oder Hadnmehl genannt. Der Name Buchweizen ist irreführend, weil das aus Asien stammende Knöterichgewächs mit Weizen botanisch nichts gemeinsam hat. Das leicht verdauliche Buchweizenmehl ist sehr eiweißreich und enthält viele Inhaltsstoffe wie etwa Kupfer, Lecithin und ungesättigte Fettsäuren.

Busserl: Meist runde bzw. kugelförmige Kekse (z. B. Kokosbusserl)

Butterteig: Auch *Blätterteig* genannter Grundteig, der nur mit echter Butter und niemals mit Margarine hergestellt werden darf.

Charlotte: Aus England stammende Süßspeise von zylindrischer oder Halbkugelform, die mit Biskuit ausgekleidet und mit Creme und Früchten gefüllt wird.

Dalken: Aus Böhmen stammende Mehlspeise, auch: Liwanzen (s. auch S. 187).

Dampfl: Vorteig für den Germteig

Dampfnudeln: Auch: Buchteln, Wuchteln, die ursprünglich im Dampf bei geschlossenem Deckel gegart wurden. Bei Garung mit geöffnetem Deckel spricht man auch von Rohrnudeln.

Dinkel: Vor allem in der süßen Vollwertküche verwendete Urform des Weizens (zweizeiliger Speltweizen), dessen Körner etwas größer und hochfärbiger als Weizenkörner sind. Aufgrund seines hohen Gehalts an Klebereiweiß eignet sich der bereits von der hl. Hildegard von Bingen besonders propagierte Dinkel sehr gut für die Herstellung von Feinbackwaren.

Dotter: Eigelb

Dressieren: Formschönes Aufspritzen von Cremen und Massen mittels eines Spritzsacks (auch: Dressiersacks).

Eclair: Längliche Biskottenform aus Brandteig

Eiklar: Auch: *Klar, Eiweiß*

Einbrenn: Dunkle Mehlschwitze (Braune Roux)

Einmach: Helle Mehlschwitze (Weiße Roux)

Einmelieren: Behutsam vermischen, vorsichtig einmengen

Emulgieren: Einzelne Zutaten mittels Stabmixer zu einer homogenen Verbindung mixen.

Flammeri: Milchsüßspeise mit Stärkemehl, Pudding (s. auch S. 131).

Flaumig rühren: Masse gut abrühren.

Fondant: Auch: *Zuckerglasur*, weiße, dick gerührte Glasur von stark eingekochtem Zucker.

Ganache: *Canache*, auch *Soufflé ganache* genannte Glasur oder Füllcreme, für die in kochende Sahne langsam Schokolade eingerührt wird.

Garprobe: Um die richtige Backzeit eines Kuchens zu überprüfen, steckt man ein Holzspießchen in die höchste Stelle und zieht es wieder heraus. Bleibt daran noch klebriger Teig haften, so muss der Kuchen noch 5–10 Minuten weiter gebacken werden. In diesem Fall empfiehlt es sich oft, die Oberseite mit Pergament oder Alufolie abzudecken, damit der Kuchen nicht zu sehr bräunt.

Gelatine: Geruchs- und geschmackloser Knochenleim, der zum Gelieren von Cremen und Gelees verwendet wird.

Gelbzucker: Essbarer Rohzucker

Gelee: Gallertartige, durchsichtige Masse, die mithilfe von Gelierzucker eingekocht wurde und bereits erkaltet ist.

Gelierzucker: Kristallzucker mit Zusatz von Apfelpektin und Zitronensäure; dient als Kochhilfe für die Herstellung von Marmeladen, Konfitüren, Dicksäften und Kompotten.

Germ: Hefe

Glasieren: Überglänzen mit Butter, Zucker, Glasur oder Fondant (s. auch: Guss)

Glasur: In Österreich früher Eis genannter Kuchen-und Tortenüberzug aus mit Staubzucker verrührtem Eiweiß, Wasser oder Fruchtsaft.

Glucosesirup: Zähflüssiger Zuckersirup aus Traubenzucker, Dextrinen (Stärke) und Wasser, der verhindert, dass Zucker zu schnell kristallisiert.

Grand Marnier: In der Patisserie besonders gerne verwendeter französischer Likör, der auf der Basis von Cognac und Bitterorangen hergestellt wird.

Gratinieren: Überkrusten, überbacken.

Grillage: Krokant

Gugelhupf: Österreichischer Ausdruck für Napfkuchen (s. S. 46)

Guss: Mischung aus Milch, Ei und Zucker, die über manche Kuchen oder Aufläufe gegossen wird.

Hagelzucker: Weißer, grobkörniger Zucker aus einer Vielzahl von kleinen, zusammengepressten Kristallen, die an Hagelkörner erinnern. Wird in erster Linie für Dekorzwecke verwendet.

Homogenisieren: Masse mit einem Mixer etwa 5 Minuten mixen, ohne dass dabei Luftbläschen entstehen. Der Mixstab muss zu diesem Zweck zur Gänze in die Flüssigkeit gehalten werden.

Indianer, Indianerkrapfen: Mohrenkopf, in Österreich auch: Schlagobersindianer

Kakaopulver: Beliebte Ingredienz vieler Mehlspeisen mit mindestens 20 % Fettgehalt. Wird Kakao stärker entölt, so verliert er an Aroma.

Kalt schlagen: Eine Masse auf Eiswasser (im eiskalten Wasserbad) so lange schlagen, bis sie kalt ist.

Kandieren: Obst, insbesondere Zedrat- und Orangenschalen (Zitronat, Orangeat), aber auch Blüten wie etwa Veilchen und Rosenblätter in Zucker kochen, bis dieser auch das Fruchtfleisch oder Blüteninnere erreicht.

Karamell: Geschmolzener Zucker, der – je nach Erhitzungsgrad – von goldgelber bis dunkelbrauner Farbe ist.

Kastenform: Rechteckiger oder quadratischer Blechrahmen zum Backen und zum Einstreichen von Massen

Kettenflug: S. S. 39

Kipf(er)l:, auch Beugel Wiener Gebäck (s. auch S. 58)

Kletze: Dörrbirne

Kneten: Teig bearbeiten

Knödel: Kloß

Koch: Österreichische Bezeichnung für Auflauf oder gekochte Mehlspeise

Köcheln: Flüssigkeit auf so niedriger Temperatur halten, dass diese (z. B. beim Knödelkochen) niemals aufwallt.

Kochschokolade: im Fachjargon auch *Konservschokolade* genanntes Produkt zur Herstellung von Schokoglasuren, Schokosaucen u.Ä.

Kokosflocken: Fein geraspelte Kokosnuss, im Fachjargon auch Kokosette genannt

Kolatsche: Golatsche (tschech. kolac). Ursprünglich allgemeine Bezeichnung für einen kleinen Kuchen, später ein typisches Wiener Kaffeehausgebäck, meist mit Mohn- und/oder Topfenfüllung.

Kompott: Mus, Röster

Konditorcreme: Auch *Crème pâtissière* genannte Grundcreme, die mit Geschmackszutaten wie Mohn, Zimt etc. beliebig abgewandelt werden kann.

Konfekt: Sammelbegriff für alle Zuckerwaren (z. B. Pralinen, Bonbons, Zuckerln etc.)

Konfitüre: Marmelade

Kristallzucker: Die populärste Zuckersorte wird – je nach Größe der Kristalle – als Normalkristall- und als Feinkristallzucker angeboten.

Krokant: Mit Nüssen vermischter brauner Karamell

Kuvertüre: Besonders edle Patisserie-Schokolade

Laktose: Milchzucker

Läuterzucker: Klar gekochter, abgeschäumter Zuckersirup (s. auch S. 38)

Lebkuchengewürz: Gewürzmischung aus Anis, Gewürznelken, Koriander, Muskatnuss, Piment und Zimt

Margarine: Rein pflanzlicher Ersatz für Butter und tierische Fette

Marillenmarmelade: Aprikosenkonfitüre

Marinieren: Beizen von Obst, Beeren u. Ä. Zutaten, um ein besonderes Aroma zu erzielen oder vor dem Verderben zu schützen.

Marmelade: In Österreich geläufiger Ausdruck für Konfitüre. Eingekochte Früchte, bei denen kein Fruchtbestandteil mehr sichtbar ist. In Großbritannien versteht man darunter ausschließlich Orangenmarmelade.

Maroni: Maronen, Edelkastanien

Mascarpone: Auch: *Mascarino* Doppelrahm-Frischkäse aus Kuhmilch. Besteht fast zur Hälfte aus Fett und eignet sich daher sehr gut für feine Füllungen und Cremen.

Mehl: In der „süßen Küche“ wird – so nicht von Vollwertmehlen die Rede oder es im Rezept ausdrücklich anders angegeben ist – grundsätzlich glatt ausgemahlenes Weizenmehl (am besten der Type 480) verwendet (s. auch S. 87).

Mehlspeise: Österreichischer Ausdruck für alle Süßspeisen, auch für solche, die kein Mehl enthalten.

Meringue: Gesüßter Eischnee, der mehr getrocknet als gebacken wird.

Milch: Grundzutat der „süßen Küche“. Macht Teige geschmeidiger als Wasser.

Mohn: Die stark ölhaltigen Samen der Mohnpflanze müssen, da sie schnell ranzig werden, rasch verwendet und zuvor mit einer Mohnmühle gemahlen werden. Statt dieser kann man allerdings auch einen Blitzcutter verwenden.

Nachspeise: Österreichischer Ausdruck für Nachtisch, Dessert

Natron: Backtrieb- und Lockerungsmittel für schwere Teige

Nocken: Auch: Nockerln Kleine, längliche Klößchen

Nougat: Vielfältig einsetzbare Masse aus Mandeln oder Nüssen, Zucker und Kuvertüre.

Palatschinken: Auch: Eierkuchen, Pfannkuchen

Palette: Auch: *Stufenpalette* Wichtiges Patisserie-Instrument zum Glattstreichen von Massen und Teigen

Panieren: Backgut in Mehl, verquirltem Ei und Bröseln wenden, fest andrücken und in heißem
Fett ausbacken.

Parfait: Halbgefrorenes aus Eischaum und Obers mit unterschiedlichen Geschmackszutaten

Passieren: Durch ein Sieb pressen

Pasteurisieren: Auf 60–70 °C erhitzen, wodurch bestimmte Bakterien abgetötet werden.

Patisserie: Süßspeisenküche

Petits Fours: Klassisch: kleine Gebäckstücke aus Biskuit, die mit Zucker- oder Schokoladenguss überzogen und mit kandierten Früchten garniert werden. In der Gastronomie: Ausdruck für kleine Näschereien als Abschluss eines mehrgängigen Menüs.

Pochieren: Knapp am Siedepunkt ziehen lassen.

Powidl: Zwetschkenmus

Preiselbeeren: Moosbeeren

Reduzieren: Einkochen bis zum gewünschten Dickegrad.

Ribiseln: Johannisbeeren

Rohrmarzipan: Im Fachhandel erhältliche Mandelmasse.

Rohrzucker: Die alte Bezeichnung für Saccharose stammt noch aus einer Zeit, in der Zucker ausschließlich aus Zuckerrohr hergestellt wurde.

Rohzucker: Kristallzucker mit Resten von Verunreinigungen ist ein schwer verdauliches bis ungenießbares Zwischenprodukt in der Zuckererzeugung. Die weit verbreitete Meinung, dass Rohzucker ernährungsphysiologisch wertvolle Bestandteile enthält, die dem weißen Zucker fehlen, geht auf eine Verwechslung mit gebleichten und Vollwertmehlen zurück und ist daher falsch.

Rosenwasser: Vor allem für die Herstellung von Marzipan verwendete Essenz aus Rosenöl und Wasser (1 Tropfen auf 250 ml). Eignet sich auch gut zum Aromatisieren von Weihnachtsbäckerei.

Rosine: Weinbeere

Rosinenbrot: Zopf, Striezel

Röster: Gedünstetes Obst, etwa Zwetschken oder Holler

Royale: Eiermilch zum Überbacken

Sabayon: Aus Eidotter, Zucker und Weißwein warm aufgeschlagener Schaum bzw. Chaudeau (wienerisch: Schado).

Salamander: In der Profi-Küche üblicher Gratinierapparat mit starker Oberhitze, der zum Überbacken und Überkrusten dient. Kann für den Hausgebrauch auch durch eine Grillschlange ersetzt werden.

Sauerrahm: Saure Sahne

Savarin: Ein in einer so genannten Savarinform (Ringform mit Loch) gebackener Germkuchen.

Schlagobers: Süße Sahne

Schleifen: Vor allem beim Formen von Knödeln gebräuchlicher Ausdruck. „Knödel rundschleifen" bedeutet „zu glatten Knödeln formen".

Schmarr'n: Auch: *Schmarren* Österreichische Bezeichnung für einen Eier- bzw. Pfannkuchen, der in kleine Stücke zerrissen wird (s. auch S. 146ff. und S. 221).

Schokoladeglasur: Die beliebte Tortenglasur muss nicht unbedingt selbst hergestellt werden (Rezept auf S. 41), sondern ist auch im Handel als Fertigprodukt erhältlich, das nur im Wasserbad erwärmt werden muss.

Schokostreusel: Auch: *Raspelschokolade* genannte Schokoladespäne.

Sirup: Frucht- oder Kräuterauszug, der durch einen sehr hohen Zuckergehalt dickflüssiger gerät als andere Säfte.

Soufflé: In einer Auflaufform gebackenes Gericht auf der Basis von geschlagenen Eidottern, Eischnee und Zucker sowie diversen Aromastoffen. Muss unbedingt sofort nach dem Backen serviert werden, da es sonst leicht zusammen fällt.

Stärkemehl: Bindemittel zur Herstellung von Teigen und Cremen. Für die süße Küche eignen sich besonders Weizenpuder(stärke) und Maisstärke. Erdäpfelstärke ist etwas gröber.

Stärkesirup: Im Fachhandel erhältliches Hilfsmittel, das u. a. das zu schnelle Bräunen des Zuckers beim Karamellisieren verhindert.

Staubzucker: Fein gemahlener und gesiebter Kristallzucker; wird in Deutschland auch Puderzucker genannt.

Streuzucker: Der Staubzucker, der nicht zusammenklumpt und daher besonders „rieselfreudig" ist, wird in Streudosen abgepackt.

Stupfen: Einen Teig mit einer Gabel mehrmals zart anstechen, damit keine Blasen entstehen.

Tablieren: Abkühlen von temperierter Kuvertüre durch mehrmaliges Aufstreichen und wiederholtes Abschaben mit einer Palette auf einer Marmorplatte.

Tarte: Süßer Kuchen, das französische Gegenstück zur sauren Quiche.

Temperieren: Langsames Erwärmen bei niedriger Temperatur (z. B. bei Kuvertüre, um einen exakten Fettschmelzpunkt zu erreichen und dadurch Glanz sowie Aroma zu erhalten).

Topfen: Österreichischer Ausdruck für Quark

Tour: Das Umschlagen und Ausrollen von mehreren Blätterteiglagen (s. auch S. 17). Im Fachjargon heißt das dann: „eine Tour gehen".

Tränken: Biskuitböden werden häufig in Alkohol liegen gelassen oder damit beträufelt, bis sie sich vollgesogen haben und weich sowie saftig werden.

Traubenzucker: Monosaccharid (Einfachzucker), das in Weintrauben, Früchten und Honig vorkommt und auch als Glucose bzw. Dextrose bezeichnet wird.

Tülle: Runder oder sternförmiger Aufsatz für den Spritzsack in verschiedenen Größen

Tunkmasse: Couvertüre, Kuvertüre (s. dort)

Unterheben: Auch: Unterziehen, Vorsichtiges Vermischen von Flüssigkeiten bzw. Cremen mit Eischnee, der dabei nicht zusammen fallen darf. Dazu hebt man die dichtere Masse mit einer Teigspachtel oder einem Teigschaber hoch und mengt die darauf liegende, leichtere Masse vorsichtig mit einer leichten Drehbewegung ein.

Warm schlagen: Cremen etc. über heißem Dampf aufschlagen

Wasserbad: Französisch auch *bain-marie* genannt, dient zum Schmelzen und Erwärmen empfindlicher Substanzen wie Milch, Schokolade oder Gelatine, um ein Anbrennen oder Überhitzen zu verhindern. Zu diesem Zweck wird in einem großen Topf Wasser erhitzt. In dieses stellt man sodann einen kleineren Topf bzw. eine Schüssel mit den zu erwärmenden Zutaten.

Weichsel: Sauerkirsche

Weizenmehl: S. Mehl

Windbäckerei: Schaumgebäck (s. auch Baiser)

Würfelzucker: 1840 von Jacob Christoph Rad erfundene Zuckersorte, bei der es sich letztlich um nichts anderes als Kristallzucker handelt, dessen feine Zuckerkristalle zunächst angefeuchtet und dann in eine viereckige Form gepresst werden.

Zeste: Hauchdünn und in feine Streifen geschnittene Orangen- oder Zitronenschale

Zibeben: Rosinenart

Zuckerrohr: (Saccharum officinarum) Die zur Familie der Süßgräser zählende Pflanze, die nur in heißen Klimazonen gedeiht, galt bis zur Entdeckung des Rübenzuckers als einzige Quelle der Saccharose. Zuckerrohr wird bis zu vier Meter hoch. Die süßen Bestandteile sitzen im Mark der 3–7 cm dicken Stengel und ergeben – im Verhältnis zum Gesamtgewicht – zwischen 12 und 18 % Zucker.

Zwetschke: Österreichischer Ausdruck für Pflaume, die mit der Zwetschke (auch: Zwetschge) zwar eng verwandt, aber nicht identisch ist.

Register